当代大学生
礼仪教育研究

雍晓荣 著

延吉·延边大学出版社

图书在版编目（CIP）数据

当代大学生礼仪教育研究 / 雍晓荣著. -- 延吉：
延边大学出版社，2024. 5. -- ISBN 978-7-230-06640-2

Ⅰ. G645.5

中国国家版本馆 CIP 数据核字第 20246FV888 号

当代大学生礼仪教育研究

著　　者：雍晓荣
责任编辑：朱秋梅
封面设计：文合文化
出版发行：延边大学出版社
社　　址：吉林省延吉市公园路 977 号
邮　　编：133002
网　　址：http://www.ydcbs.com
E-mail：ydcbs@ydcbs.com
电　　话：0433-2732435
传　　真：0433-2732434
发行电话：0433-2733056
印　　刷：三河市嵩川印刷有限公司
开　　本：787 mm×1092 mm　1/16
印　　张：10.25
字　　数：200 千字
版　　次：2025 年 3 月　第 1 版
印　　次：2025 年 3 月　第 1 次印刷
ISBN 978-7-230-06640-2

定　　价：69.80 元

前　言

　　礼仪是做人的道理而非做事的流程，其关键是表达我们对他人的尊重、赞赏和关爱。为保持和谐的人际关系，人的礼仪素养与学识、智慧同样重要。礼仪文化是中华民族宝贵的精神财富。礼仪教育不仅是个体道德、品质和个性形成的基础教育，也是传承优秀传统文化、提升全民素养、振兴民族精神的固本教育。礼仪文化是中国传统文化的核心内容之一，其中蕴含着中国传统文化价值观念的思想精华和道德精髓。

　　大学生是青年的重要组成部分，是中国特色社会主义各项事业的生力军和接班人，承担着推动我国走向世界强国之林的历史使命。礼仪素养是当代大学生立足社会、成就事业、获得美好人生的基础，也是实现自身价值的必备条件。一个懂礼、知礼、守礼的大学生无疑是一个有修养、有内涵的大学生。加强对大学生的礼仪教育，促使他们掌握为人处世的一般原则，培养他们乐观、豁达、健康的心理素质，引导他们学会尊重别人，培养善于合作、热心参与、善于交往的能力，提高他们的人文素质，为他们将来走向社会更好地发挥才能、拥有更多的成功机会奠定基础。

　　文明礼仪作为中华民族悠久历史中璀璨夺目的传统美德，承载着深厚的文化底蕴和民族精神，也是学校德育工作不可或缺的重要组成部分，其重要性不言而喻。部分高校对礼仪教育的重视程度不够，课程设置零散，缺乏系统性和针对性，同时，在大学校园也存在一些不知礼、不守礼、不文明的行为，以及许多与大学生的礼仪修养、与精神文明建设极不和谐的现象。因此，加强大学生的礼仪教育，提高大学生的思想道德品质，对大学生个人发展和社会发展具有重要意义。

　　本书研究当代大学生礼仪教育，第一章是大学生礼仪教育概述，介绍了礼与礼仪，并对大学生礼仪教育的内涵、目标及必要性展开论述。第二章是当代大学生礼仪教育体系构建，分别介绍了大学生礼仪教育的功能、内容和特点。第三章从优秀礼仪、人格培育导向、网络视角三个角度入手，详细论述了多维视角下的当代大学生礼仪素养培育。第四章和第五章分别论述了当代大学生礼仪教育与人文素养培养、审美之间的关系。第六章是当代大学生礼仪素养的培育路径，提出了提高大学生礼仪素养的具有可行性的策略。本书论述严谨，结构合理，条理清晰，内容丰富新颖，具有前瞻性。希望本书能为当代大学生礼仪教育工作提供一些有益的帮助。

　　在当代社会，礼仪不仅是个人良好形象的表现，更是人类文明进步的重要标志。这种文化形态，在人类历史的长河中逐渐孕育、形成并积淀下来，跨越了时间与空间的界限，成为连接过去与未来的桥梁。礼仪，以其独特的魅力，在各个不同的历史时期和社会领域中，始终扮演着约束与规范人们行为的重要角色。它如同一位无形的导师，引导着人们遵循社会公认的道德准则和价值观念，从而维护社会秩序，促进人际关系的和谐。在这个过程中，礼仪不仅塑造了个人优雅、得体的形象，更在潜移默化中提升了人们的文化素养和道德水平。

在本书写作过程中，笔者参考和借鉴了一些专家学者的观点及论著，在此向他们表示深深的感谢。由于水平和时间有限，书中难免会存在不足之处，希望各位读者能够提出宝贵意见，以便修改完善。

目 录

第一章 大学生礼仪教育概述 ··· 1
  第一节 礼与礼仪 ··· 1
  第二节 大学生礼仪教育的内涵与目标 ··································· 6
  第三节 大学生礼仪教育的必要性 ······································ 10

第二章 当代大学生礼仪教育体系构建 ··································· 13
  第一节 大学生礼仪教育的功能 ······································ 13
  第二节 大学生礼仪教育的内容 ······································ 16
  第三节 大学生礼仪教育的特点 ······································ 19

第三章 多维视角下的当代大学生礼仪素养培育 ··························· 23
  第一节 基于优秀礼仪的大学生礼仪素养教育 ··························· 23
  第二节 人格培育导向下大学生礼仪素养教育 ··························· 30
  第三节 网络视角下大学生信息礼仪素养培育 ··························· 34

第四章 当代大学生礼仪教育与人文素养培养 ····························· 45
  第一节 大学生礼仪教育与人文素养的关系 ····························· 45
  第二节 大学生人文素养培养的现实意义 ······························· 55
  第三节 礼仪教育对提升大学生人文素养的意义 ························· 62
  第四节 大学生人文素养提升中礼仪教育的应用 ························· 67

第五章 当代大学生礼仪教育与审美 …… 72
第一节 仪容礼仪与审美 …… 72
第二节 仪表礼仪与审美 …… 81
第三节 仪态礼仪与审美 …… 100

第六章 当代大学生礼仪素养的培育路径 …… 121
第一节 强化高校礼仪培育理念 …… 121
第二节 营造校园礼仪文化氛围 …… 126
第三节 凸显大学生个体自我内化 …… 129
第四节 大学生礼仪教育与思想政治教育的融合 …… 133

参考文献 …… 156

第一章 大学生礼仪教育概述

第一节 礼与礼仪

一、传统之礼与现代礼仪

礼是中华传统文化的重要内容，在中国传统社会中发挥了重要的行为规范作用，它蕴含的仁、敬、和等精神使中国人产生了重要的价值认同。随着历史的发展，礼的内涵也在发生变化。在中国传统社会中，礼的内涵十分丰富，几乎是一切典章制度、行为规范、礼仪风俗的总称。相对于传统之礼，现代礼仪的内涵有所不同，但这并不影响两者之间的一脉相承。

（一）传统之礼

中华传统文化中礼的概念，可以从狭义、广义两个层面来理解。从狭义上来说，礼是人们进行社会交往的行为规范与准则，与现代的常用礼仪概念相近。从广义上来说，礼既包括为一些重大或有纪念意义的活动而举行的仪式，也包括社会交往中的礼貌、礼节，是人们在长期生活实践中约定俗成、共同认可的几乎涵盖一切制约社会生活和人们行为的规范与制度，包括道德规范、政治制度，以及蕴含在礼仪规范中的价值认同、道德情感、思想观念等，可分为礼制、礼仪、礼义三个方面。本书采用的是广义的礼的概念。

（二）现代礼仪

随着时代的发展，与传统的礼相比，今天的礼仪又有了新的内涵。《现代汉语词典》（第7版）对礼的解释有五种：一是"社会生活中由于风俗习惯而形成的为大家共同遵守的仪式"；二是"表示尊敬的言语或动作"；三是"礼物"；四是"以礼相待"；五是"姓"。第一种解释可以概括为仪式，第二种解释可以概括为礼节，这两种解释是本书所论述的现代礼仪的内涵，也就是说，现代语境中的礼包括仪式与礼节两个部分。

与传统的礼是一种特殊的社会准则，近似于是不成文的律法与道德伦理精神的结合体不同，现代意义上的礼仪，作为在公共交往中表示对他人尊重且自重的行为规范和仪式，尽管具有道德的意义，但它主要是作为人际关系的润滑剂和人际矛盾的缓冲剂，服务于营造和谐友善的社会氛围。

现代礼仪的内涵除前述的仪式和礼节外，还应当包括礼貌。因此，现代礼仪的内涵共包括三个方面：一是人际交往中的行为规范，具体表现为礼节；二是人际交往中的仪容仪表和内心情感，具体表现为礼貌；三是在重要时刻或重大场合举行的具有纪念意义和象征意义的程序、形式，具体表现为仪式。

综合当代社会实际和既往文化传统，现代礼仪的概念同样应从狭义和广义两个层面来理解。狭义的礼仪是指人们在长期共同生活和社会交往中逐渐形成的约定俗成的交往规则和行为规范，用于表达尊敬、友好的内心情感，具体表现为礼貌、礼节、仪表、仪容、仪式等。广义的礼仪还应包括为构建良好的社会秩序而要求人们共同遵守的基本价值准则，具体表现为道德规范、风俗习惯等。本书中采用的是广义的礼仪概念。

二、礼仪的特点与功能

总结礼仪的特点能够为开展礼仪教育提供更加清晰的思路，梳理礼仪的功能可以让人们对开展礼仪教育的意义有更加深刻的认识，两者都是研究大学生礼仪教育的基础性内容，缺一不可。

（一）礼仪的特点

从不同的视角来看，礼仪具有不同的特点。从矛盾的对立统一性视角来看，礼仪具有传承性与发展性并存、共同性与差异性并存、约束性与自觉性并存三个特点。

1.传承性与发展性并存

礼仪是一个国家文化和民族精神的重要组成部分，是一个民族经过数代人长时间积累、取舍而形成的文化观念，具有一定的稳定性。这也是礼仪具有传承性的重要条件。某种礼仪一经形成，便会保持长久的固定形态，比如中国传统的以左为上、以老为尊等，但这并不意味着礼仪会一成不变，随着时代的变迁，礼仪也会在传承的基础上推陈出新，发展出体现时代性的新内容。

礼仪就是在不断推陈出新中充实、发展，进而适应时代的变化与发展。但需要明确的是，虽然礼仪的外在形式不断发展，但其内在的优秀精神品质值得人们永远传承。比如，现在人们的见面问候方式由作揖改为握手，节日问候方式由登门拜访改为短信、微信问候等。虽然礼仪的形式发生了很大变化，但其中蕴含的对长辈的尊敬、对亲朋的关怀是不变的。

2.共同性与差异性并存

礼仪是在一定时期内共同生活的全体成员共同遵守的行为准则，它需要全体成员共同接受和认可。在一定范围内，某种礼仪具有共同的象征意义，对所有成员都有普遍的约束性，这就体现了礼仪的共同性。即使在世界范围内，也存在着一些各国人民共同认可的礼仪规范，如微笑是最好的通行证，尊重是共同的精神内核等。然而，"十里不同风，百里不同俗"，因受不同历史文化、生存环境的影响，各国、各民族之间的礼仪不可避免地具有一定的地域性、多样性、民族性。比如，同样是竖大拇指，在中国表示"好、了不起"，有赞赏、夸奖之意，但在澳大利亚则是粗野、无礼的手势。礼仪的多样性展示了不同民族多姿多彩、各具特色的礼仪文化，因此，学会入乡随俗，学会尊重文化的差异性是十分必要的。虽然各国、各民族之间的礼仪存在着差异性,但随着世界范围内的交流越来越广泛、越来越密切,世界通用的礼仪规范会越来越多,礼仪的共同性特点会越来越明显。

3.约束性与自觉性并存

礼仪一经产生,便会对社会成员产生约束力,不按照社会公认的礼仪标准行事的社会成员会受到其他成员的道德评判。《荀子·劝学》中的"礼者,法之大分,类之纲纪也。"和《荀子·修身》中的"礼者,所以正身也。""无礼何以正身?"均说明:礼是行为规范的要领、具体准则的总纲,没有礼,用什么来端正人的身心呢?

《论语·子路》中提到:"名不正,则言不顺;言不顺,则事不成;事不成,则礼乐不兴;礼乐不兴,则刑罚不中;刑罚不中,则民无所措手足。"这表明礼乐是百姓行为的规范,如果社会失去了礼乐的教化,刑罚的实施就无法做到公正合理;如果刑罚不公正,百姓就会感到无所适从,不知道如何行动。

孔子在回答子路关于何为完人的问题时,就说:"若臧武仲之知,公绰之不欲,卞庄子之勇,冉求之艺,文之以礼乐,亦可以为成人矣。"(《论语·宪问》)可见智、不欲、勇、艺等都需要礼乐的修饰。

《论语·颜渊》提出:"博学于文,约之以礼,亦可以弗畔矣夫。"又有:"非礼勿视,非礼勿听,非礼勿言,非礼勿动。"可见如果能够用礼来约束君子,就不会离经叛道。但是礼仪没有法律的强制性,如果违反了礼仪,是很难受到强制性惩罚的。先秦儒家认为,要想让人们遵守礼仪,应该从加强自身修养入手,不断提高自觉性,《论语·颜渊》中的"克己复礼为仁",就要求人们遵循礼仪规范,并将其作为自己的道德信念和行为修养准则,自我约束、克制,自觉遵守礼仪规范。

《孟子·离娄下》有言:"君子以仁存心,以礼存心。仁者爱人,有礼者敬人。爱人者,人恒爱之;敬人者,人恒敬之。"表明遵守礼仪是君子内心的自我要求。《孟子·离娄下》又云:"言非礼义,谓之自暴也;吾身不能居仁由义,谓之自弃也。"说明如果言语不遵循礼义,即为自我放纵;自身不能践行仁义，便是自我放弃。

（二）礼仪的功能

礼仪在中国传统社会中发挥了重要的作用，它既是维护国家统治的重要工具，又是进行社会教化的有效手段，更是文化传承的重要载体。

1.制度规范功能

周礼是为维护宗法统治建立的一套国家典制和行为规范，具有浓厚的政治色彩。古籍中多次提到礼的政治作用，如"礼，国之干也。""礼，政之舆也。""礼，王之大经也。""礼，经国家，定社稷，序民人，利后嗣者也。"孔子之所以提倡礼育，也是看中了礼所规定的政治秩序和政治关系，因此他提出要"为国以礼"，还致力于恢复"君君臣臣，父父子子"的等级秩序。孟子同样强调礼的政治作用，提出"无礼义，则上下乱；无政事，则财用不足"的言论。荀子提出"礼者，政之挽也""礼义者，治之始也""国之命在礼"，即认为礼是政治的指导原则，礼义是治理国家的开端，礼能决定国家的命运；荀子还提出"礼者，治辨之极也，强国之本也……王公由之，所以得天下也；不由，所以陨社稷也"，即认为礼是国家富强的根本，不以礼治国就会损害社稷。由此可以看出，在中国传统社会中，制度规范功能是礼的首要功能。

2.社会教化功能

教化是指用统治阶级的正统思想，有目的、有组织地对教育对象进行理论灌输，并使教育对象接受这些思想的一种教育方法。先秦儒家特别重视对民众的教化。在儒家的教育言论中，一举一动和一言一行都要合于礼。先秦儒家把礼作为社会运转的中心，把礼的精神贯穿于社会生活的各个领域，借助对礼的规范和践行，将儒家倡导的价值理念和道德规范传递到民众中。通过教化，人们认同主流意识形态，从而实现控制整个政治系统运转的目的。

3.文化传承功能

文化是维系一个国家和民族的精神纽带。在中国五千多年的文明史中，礼已经成为中华文化的象征符号。礼仪之邦是中国的世界形象，彬彬有礼是中国人高度认同的君子人格。礼不仅是道德规范的载体，更是文化传承的基因。礼在整个中国传统社会中发挥着不可或缺的作用，是传统社会正常运转的调节器。先秦儒家特别重视礼育，孔子说："不学礼，无以立。"荀子认为："故学也者，礼法也。"礼作为社会共同的行为规范和价值标准，规范并引导着人们的生活行为、伦理观念和价值体系。人们正是在各种礼仪、礼节、礼俗的浸染中，形成了对民族身份的认同，并不断传承中华优秀传统文化。

以孔子为代表的先秦儒家倡导的礼经过历史的积淀，成为中华传统文化的重要内容，是中国文明的重要象征，是中华文化区别于西方文化的重要标志，是中国人的生存方式，是中华民族生命力和凝聚力的源泉之一。

第二节 大学生礼仪教育的内涵与目标

一、大学生礼仪教育的内涵

礼仪教育是礼仪与教育的结合体，从学科门类上来说，应该属于教育学的范畴。教育是人类社会特有的一种自觉地、有目的地促进人发展的活动。其主旨在于以人为本，育人成人，培养人成为社会实践主体，促进人和社会的持续发展。有目的地培养人是教育的立足点，是教育的根本所在，是教育的本体功能。任何教育只有有目的地培养人，才能促进个人成长、服务社会。礼仪教育也不例外，其最终目的同样是培养符合社会发展需要的人，不同的是它把礼作为培养人、教育人的重要手段。

就目前国内的研究来看，学界对大学生礼仪教育的定义还没有形成共识。所谓礼仪教育，是指根据社会交往活动中的礼仪规范，有目的、有计划、有组织地对受教育者施以全面系统的影响，使受教育者掌握礼貌、礼节、交往程序等，学会表达尊重和敬意的活动。还有人认为礼仪教育是一定的社会群体根据礼仪规范的要求，有目的、有计划、有组织地对人们施加的系统的道德教育活动。大学生礼仪教育是指根据礼仪规范及道德建设发展的需要，有目的、有计划、有组织地对大学生的言行举止、内在素质进行必要的礼仪指导、修正和教育的社会活动。综上所述，研究者们都看到了大学生礼仪教育的目的性和计划性，但对其有不同的表述。笔者认为，综合礼仪和教育的内涵，结合中国目前所处的发展阶段和礼仪教育的独特性，大学生礼仪教育应当是教育者根据符合时代发展要求的礼仪规范，有目的、有计划、有组织地向大学生传授礼仪知识，提升其礼仪素养，培养其礼仪精神，提高其文明素质，培养符合中国特色社会主义事业需要的合格建设者和可靠接班人的活动。简言之，大学生礼仪教育就是以礼为核心，对大学生开展教育的活动，主要包括以下三个方面的内容：

（一）遵规守纪教育

俗话说："没有规矩，不成方圆。"要使学生明礼，首先就要有礼可循。在儒家设计的礼学体系中，礼制是针对国家、社会、个人的一整套名物制度和典章条文，包括国家典制、社会制度、礼器名物等，具有高度的规范性。整个国家、社会都在这套制度下运转，每一个个体都按照这套制度的规定生活。可以说，在中国传统社会中，儒家礼制渗透到了社会运转、个人生活的方方面面。对大学生而言，大到国家的法律法规，小到学校的规章制度，都是大学生要遵循的礼制。这些礼制既展现了法律法规层面的硬约束，又蕴含着道德规范层面的软约束，是法治与德治的有机融合。在大学开展礼仪教育，既要开展法治教育，不断提升大学生法律意识，让大学生对法律规章秉持敬畏之心；又要开展社会公德教育，积极提升大学生的道德水平，培养大学生遵守道德规范的自觉性。

（二）行为规范教育

礼仪是礼的具体表现形式，是在人类文明发展过程中按照共同的伦理基础和价值原则，逐渐形成的在各类社会活动中需要大家共同遵守的一系列行为规范，是人类社会属性的具体体现。礼仪包括礼节和仪式两个方面。礼节是指在人际交往中形成的表示尊敬、哀悼、祝颂等具体情感的惯用形式，是人际沟通的桥梁，是人际交往的必要形式。仪式是人们在共同参与某项对集体或个人具有重大意义的集体活动时需要遵守的程序和形式。礼节和仪式具有时空上的交叉性，尤其是在具体的行为过程中，很难做出明确划分。随着历史的发展，人们逐渐将两者并称为礼仪。在中国传统社会中，大到国家交往，小到一个人的仰、卧、起、坐等，都有具体的礼仪规范。按照不同的分类标准，大学生礼仪大体应包括课堂礼仪、公共礼仪、交往礼仪、应酬礼仪、个人礼仪等。此外，还应包括在重要时间节点、重要场合举行的有纪念性、象征性的仪式（如开学典礼、毕业典礼、成人仪式、升旗仪式等）礼仪等。

（三）礼义精神教育

当孔子的学生向他请教什么是"礼之本"时，孔子说："礼云礼云，玉帛云乎哉？乐云乐云，钟鼓云乎哉？"孔子通过回答学生的问题，明确指出礼不只是"玉帛""钟鼓"这些外在形式，更重要的是理解礼的精神实质，并把握"礼之本"，即仁、和、敬、谦等价值内涵。大学生对礼制、礼仪的学习，最终的落脚点就是将礼制、礼仪等内化于行，培养自身文明、平等、法治、诚信、友善等价值理念。只有强调传统礼仪对德行、修养的重视，才能避免现代礼仪教育出现形式化、空壳化的危险，才能使现代礼仪教育成为内外并重的君子教育。

大学生礼仪教育的重点应该是传递礼的价值内涵，通过深入挖掘礼仪背后的价值内涵，培养大学生的文明意识，提升其道德素养，引导他们成为建设中国特色社会主义事业的栋梁之材。

二、大学生礼仪教育的目标

高等教育的根本任务是立德树人,大学生礼仪教育同样应紧紧围绕这一根本任务,充分发挥礼仪教育规范行为、提升素养、构建秩序、稳定社会的功能,着力培养礼仪知识丰富、礼仪行为规范、礼仪素养较高、礼义精神完备的德才兼备、全面发展的人才。大学生礼仪教育的目标具体应包括以下几个方面:

(一)全面掌握礼仪知识

知礼是行礼的前提。大学生礼仪教育应通过课堂教学、社会实践、社团活动等多种方式,让大学生学习和掌握日常生活礼仪、公共礼仪、交往礼仪、商务礼仪等现代社会礼仪常识;要将中国传统礼仪知识作为重要教育内容,让学生了解中华传统礼仪文化,树立文化自信,自觉传承中华优秀传统文化;还要将涉外礼仪纳入教学内容,让学生了解各国不同的礼仪规范,引导学生树立全球化思维模式。

(二)言行符合礼仪规范

礼仪学习的重点在于应用。大学生的日常行为是否符合礼仪规范是衡量大学生礼仪教育效果的重要标准。大学生通过学习礼仪知识,应该具有良好的个人形象、掌握为人处世的原则和技巧、具备良好的人际沟通能力,让自己的言行符合礼仪规范,基本做到"非礼勿视,非礼勿听,非礼勿言,非礼勿动"。礼仪是展现大学生文明素质的重要方式,礼仪教育是培养和提升大学生文明素质的有效途径。大学生礼仪教育旨在让大学生将外在礼仪规范内化为礼仪修养,一言一行体现出较高的文明素质,在家庭、校园等场所做到言行文明、举止优雅,展现大学生应有的良好精神风貌。

(三)自觉践行礼义精神

仁、敬、和等礼义精神是中华优秀传统文化的重要组成部分。大学生礼仪教育旨在让大学生理解礼仪背后的礼义精神，主动传承笃实宽厚、尊师敬长、忠孝仁爱、修己慎独等中华优秀传统美德，自觉提升自身道德品质，形成正确的世界观、人生观、价值观，争做爱国、敬业、诚信、友善的当代青年。

第三节 大学生礼仪教育的必要性

一、传承中华优秀传统文化

文化是一个国家的灵魂，它反映了一个民族的历史、传统、价值观和精神风貌。中国向世界展现出了友好、和睦的大国形象，这种良好形象的塑造取自中华优秀传统文化的精髓，说到底就是优秀的礼仪文化。礼仪不应只针对国家外交而言，它是我国五千年优秀文明的积累和沉淀，是每一个社会公民都应具有的基本道德素养，尤其对于大学生而言，礼仪教育更是一门必修课程。大学生是未来中国的建设者，大学期间又是形成正确价值观的关键时期，因此对大学生进行礼仪教育能够有效传播和普及礼仪基础知识，帮助大学生了解我国传统礼仪文化。对待我国的传统文化要始终做到"扬弃"，取其精华，去其糟粕，批判地继承和弘扬礼仪精神。这不仅是大学生礼仪教育的重要内容，而且是坚定文化自信、提升我国文化软实力的重要途径。

二、促进社会和谐与提升道德素养

道德是以善恶为评价方式，主要依靠社会舆论、传统习俗和内心信念来发挥作用的行为规范的总和。道德调整的是人与人、人与自然、人与社会之间的关系。"礼"为社会规范、原则,"仪"指言谈举止。从礼仪与道德的科学内涵中不难看出二者的关系是紧密相连的,道德文明中包含着礼仪文明,礼仪文明是道德文明的外在表现形式。换言之,礼仪素养的程度取决于道德素养的高低,接受不同层次的道德教育就会表现出不同水平的礼仪行为。

对大学生个人而言,加强礼仪教育能够使其知荣辱、讲文明,不仅能拥有良好的人格形象和文化修养,还能展现年轻人独有的朝气蓬勃的精神面貌,使大学生在处理复杂的人际关系时,能够根据自身所受的道德教育妥善解决问题。加强礼仪教育能够培养大学生知书达理的性格特点,从而增强其道德认知,提升道德修养。接受过良好的礼仪教育的大学生能够更好、更快地适应社会生活,符合中国特色社会主义对高素质、高水平人才的要求。

和谐是加快社会稳定发展的有效助力,对整个社会乃至国家而言,良好的礼仪教育可以改善人际关系,和谐的人际关系是构建和谐社会的前提。和谐社会要求全体社会成员具有高尚的道德情操,要求社会氛围友善、有序且稳定。公民整体礼仪素养高能够增强国家的凝聚力和综合实力,也有利于维护良好稳定的社会秩序,加快社会主义和谐社会的构建。

三、提升思想政治教育实效性

思想政治教育是教育者向大学生传授一定的思想观念、政治观点、道德规范的活动。思想政治教育作为一种教育实践活动,在任何时期的社会,都是客观存在的。我国的思想政治教育运用马克思主义的理论来指导人们,目的在于提高人们的思想道德素质,提高人们认识世界和改造世界的能力,为建设有中国特色的社会主义、实现共产主义而努力奋斗。礼仪是中华优秀传统文化的精髓,对于文化传承和社会发展具有重要作用。

礼仪教育与大学生思想政治教育密不可分,是提升大学生综合素质的重要途径。大学生思想政治教育是提高大学生思想道德修养和基本素质的途径,其目的就是根据大学生的思想品德的形成和发展规律,通过思想政治教育,引导大学生的思想朝着社会要求的方向发展，帮助大学生树立正确的价值观念，进而促进大学生自由而全面地发展。

大学生礼仪教育是高校思想政治教育的重要内容，除了传授基础礼仪文明规范的理论知识，还应该注意培养大学生文明礼仪的实践运用能力，做到理论与实践相结合，最终实现全方位、多角度提升思想政治教育的实效性，实现以德育人的根本目的。从这个意义上讲，良好的礼仪教育能够增强大学生的文化自信，培养出德才兼备的文化创新型人才。

四、培育优良家风

礼仪教育不仅对大学生个人和社会起作用，对营造和谐的家庭氛围、形成优良的家风也有着至关重要的影响。从古至今，家风与家教都是中华民族的重要话题。传统礼仪的庄重感，以及人与人之间的分寸感，是中国家风的根本，也是人们维持社会稳定发展的重要因素。大学生礼仪教育的关键就是帮助大学生树立正确的价值观念，并学会如何与人相处。与人相处是一门复杂的学问，有的人能够在待人接物方面做得出色，通常都与他的家风和家教有关。无论人们身处哪个时期，都要清清白白做人，谦逊礼貌待人，这也是礼仪教育的价值所在。

大学生是实现中国梦的中坚力量，对大学生进行礼仪教育，有助于大学生积极践行礼仪文明行为。礼仪教育能把文明礼仪的优秀传统与当代价值结合起来，提高大学生的自身素质，增强大学生的文明意识，使他们对父母、家人怀有感恩之心，在家庭生活中做到长幼有序、关心孝顺父母、珍惜现在的生活环境和家庭氛围。一个懂得家庭文明、感恩父母的人会把这份珍贵的品质传承下去，这就有利于良好家风的养成，有利于营造和谐的家庭氛围，而良好的家庭氛围又有助于个人健康成长，有助于培养大学生自信、乐观、友善、诚信的道德品质。因此，加强大学生礼仪教育势在必行。

第二章 当代大学生礼仪教育体系构建

大学生礼仪教育体系构建，有助于大学生树立正确的文明礼仪观念，养成良好的礼仪行为习惯，为推动社会进步、构建和谐社会贡献力量。因此，本章主要探索大学生礼仪教育的功能、大学生礼仪教育的内容、大学生礼仪教育的特点。

第一节 大学生礼仪教育的功能

一、大学生礼仪教育的德育功能

礼仪教育的德育功能就是指通过一定的思想道德教育，帮助大学生形成良好的思想道德观念，并把这种观念作为个人的行事准则来指导和约束自己，使自身表现出的行为符合社会主义核心价值观的要求。一个人思维方式和价值观念的形成，以及道德素养的提升都是通过思想道德教育来实现的，思想道德是个人素质的核心，是形成和谐人格的关键，对个人的精神面貌和整体素质起着决定作用。

从理论上来说，加强礼仪教育就是加强思想道德教育，思想道德境界的高低直接反映出个人的礼仪修养水平。在遇到利益冲突时，思想道德境界高的人往往具有明确的大局意识，会根据自己的价值观念和道德认知做出相应的判断。对于国家和社会，他们始终奉行集体利益高于个人利益的处事原则，从不计较个人得失，顾全大局，这样的奉献精神也是中华民族的传统美德。美德是精神世界里的财富，良好的礼仪能够使它产生价值。

礼仪教育的德育功能不但能够提升大学生的思想道德境界，还有助于大学生掌握和运用礼仪知识。通过思想道德教育，大学生谈吐注意分寸，行为举止优雅得体，这些也是礼仪教育的重要内容。从礼仪教育和思想道德教育的内在联系来看，文明礼仪是社会发展过程中不断形成的人际交往规则，是道德伦理的必要组成部分。礼仪教育是思想道德教育的基础，也是思想道德教育的外在表现形式，在引导大学生约束和规范自身行为的同时，提升大学生的道德意识，使大学生树立正确的价值观。

二、大学生礼仪教育的维系功能

礼仪具有维系社会和谐的功能。礼仪作为一种社会行为规范，对社会成员有着很强的约束力。从文化渊源看，礼仪是实现社会和谐的工具、培育和谐文化的资源、弘扬和谐精神的支柱；从社会渊源看，礼仪与宗法制度相结合，在人们意识中沉淀，具有重视教育与实践的特征，它能对人们的行为和人际关系产生深刻的影响；从人性渊源看，礼仪作为善良人性的体现和理想人格的条件，是规范人的行为、促进社会和谐有序发展的动力。因此，礼仪的出现使全体社会成员意识到社会正在逐渐步入和谐有序的状态，人际交往变得友善、亲切，社会秩序变得稳定，这些现象使得社会健康发展，此时礼仪的维系功能就得到了很好的体现。

对大学生而言，礼仪教育的维系功能，有助于加强大学生之间互相尊重、友好合作的新型关系。礼仪教育更多是传授如何正确处理人际关系，其最终目的都是维护社会稳定。维系和谐的人际关系是构建和谐社会的前提。

三、大学生礼仪教育的激励功能

礼仪教育的激励功能是在人们了解了礼仪内涵和意义，并将礼仪的基本要求内化为他们的性格品质的基础上，采用评价的方式，不断激发人们的道德情感和道德意志，促使人们持之以恒地追求得体的礼仪形象，从而形成将内在的思想品质与外在的礼仪素质有机结合的人格形象。道德修养和礼仪文明二者不可分割，"德"成于中，"礼"形于外，"德"与"礼"辩证统一、相辅相成。

通过对礼仪的认知，人们能够意识到礼仪的价值，以及其在帮助树立正确价值观过程中所发挥出的重要作用，从而自发地培养礼仪素养和道德情操。对大学生来说，礼仪的激励功能能够增强他们对大学校园文化的认同感和归属感，提高大学生文明素养和道德水准，使大学生的才能充分发挥出来，也能加快实现校园礼仪文化的目标，提升校园文化品位。

除此之外，礼仪教育的激励功能可以激发大学生的想象力，发扬大学生的创新精神，使大学生在面对社会竞争时具有一定的优势。校园文化氛围和大学生人际关系直接影响大学生的礼仪行为。和谐、友善、互尊互敬的群体关系可以增强大学生的礼仪意识、责任意识和集体意识，使大学生具有奋发向上的精神，也可以成为激励大学生刻苦钻研文化知识、勇于直面挑战的巨大动力。

四、大学生礼仪教育的导向功能

礼仪指导人们区分善恶、树立正确的价值观念、端正人际交往时的态度、约束个人的言谈举止。礼仪相当于文明界的法律，从多方面抵制个人的不当行为和社会的不良风气，使人们自觉地以国家和社会利益为重，不断约束自身的言行以符合社会对礼仪文明的要求，坚持使用符合社会道德规范要求的文明语言，自觉改正违背社会文明和道德规范的恶习。礼仪教育的导向功能帮助大学生选择和谐友善的相处方式，增强大学生的文明意识，改善社会的道德环境，有助于完善社会主义道德建设理论体系。

礼仪教育的导向功能还表现在维护社会秩序方面,稳定的社会秩序对大学生成长有重要的影响,能够帮助大学生养成信守承诺、遵守法律的良好习惯,使社会文明程度得到显著提高,加快社会主义精神文明建设。一个充满文明和尊重的礼仪社会,会从多方面遏制行为失范和社会失序这种不良现象的发生,不会任由其发展。一个崇尚礼仪的国家,必然会昌盛不衰;一个注重礼仪的民族,必然会强大和睦;一个心中有礼仪的人,必然会与人友好相处,而人与人之间相处得越友好,社会便越和谐、越安定。

第二节 大学生礼仪教育的内容

礼仪教育能够帮助大学生提高个人道德修养,树立正确的价值观念。因此,对大学生进行礼仪教育,首先要明确大学生礼仪教育的主要内容,对其进行有针对性的礼仪教育,从而达到良好的礼仪教育效果。大学生礼仪教育的内容广泛,可以将其归纳为以下四个方面:

一、大学生礼仪的基本理论知识

对大学生进行礼仪教育,必须让大学生了解并掌握礼仪的基本理论知识。掌握礼仪的基本理论知识是大学生接受礼仪教育的前提和基础,是礼仪教育的根基。大学生只有夯实礼仪的基本理论知识,打好理论基础,才能提高礼仪文明意识,在礼仪的基本理论知识的指导下,自觉地把握并遵守礼仪的具体规范要求,规范自己的行为,塑造高尚的道德品质,升华精神境界。

大学生学习礼仪的基本理论知识,首先应该了解礼仪产生的历史背景及发展过程。礼仪这种社会文化现象产生于原始社会，是诸多文化因素相互作用而产生的一种行为表现。其次，大学生应该掌握礼仪的内涵、本质、特征和功能，明确礼仪是人与人之间为了表示尊重而共同遵守的行为准则。

因此，学习礼仪的基本理论知识能够为大学生礼仪教育奠定良好的理论基础。

二、大学生礼仪的优秀传统教育

对大学生进行礼仪教育，是为了让大学生了解中华民族博大精深、源远流长的传统礼仪文化，更是为了让大学生担负起传承中华民族优秀传统礼仪文化的历史使命。中国与古巴比伦、古印度和古埃及被称为四大文明古国，然而，只有中华民族的华夏文明生生不息，不断发展壮大，其他文明古国早已在历史的长河中销声匿迹。中华文化之所以流传至今，最根本的原因就在于不断地传承并发扬了中华民族的优秀传统。

中华民族的优秀传统礼仪反映了中华民族的历史风貌，是中华民族的文化瑰宝。因此，自古以来，中华民族形成的重礼讲仪的良好风尚、知书识礼的传统美德、明礼守礼的立身处世之根本等优秀传统礼仪内容，都是对大学生进行礼仪教育的重要内容。学习优秀传统礼仪，有助于大学生了解中华民族礼仪对人类文明的卓越贡献，树立文化自信，增强民族自豪感。

三、大学生礼仪的具体规范

大学生礼仪的具体规范教育是大学生礼仪教育的核心内容。大学生礼仪行为失范就是因为没有掌握礼仪的具体规范。为了更快地适应社会生活，提高与人相处时的沟通和表达能力，成为有理想、有本领、有担当的时代新人，大学生应该掌握多种礼仪规范。礼仪教育的具体规范广泛而众多，主要包括个人礼仪规范、家庭礼仪规范、学校礼仪规范、社交礼仪规范、商务礼仪规范、外交礼仪规范、公共礼仪规范等。真正讲礼仪的人,并不是单纯地了解礼仪文化知识,而是能在任何场合表现出合乎时宜的礼仪行为。在与人交往时,能够给予对方充分的尊重,同时也会赢得对方的尊重。在众多具体的礼仪规范当中,个人礼仪规范是最基础的组成部分。

保持自身的干净和整洁既是尊重自己,同时也是尊重别人的表现。学习家庭礼仪规范和学校礼仪规范,可以让大学生知道如何孝敬父母、如何尊重师长和同学。

在日后的工作学习当中,掌握良好的社交礼仪规范能够使大学生获得更多的机会,结交更多的工作伙伴和朋友,从而为自己创造一个良好的工作氛围,提升工作效率。学习多种礼仪具体规范,能够帮助大学生提高人际交往的能力,养成善良、热情、开朗的性格特点和文明、正直、宽容的道德品质,从而增强对个人、家庭和社会的强烈责任感。

四、大学生礼仪的养成教育

大学生礼仪的养成教育对大学生的成长成才有着至关重要的影响。大学生礼仪的养成教育是一种道德行为习惯的教育,它是指教育者传授礼仪知识,使大学生掌握礼仪的基本知识,理解礼仪的内涵,领悟礼仪的精神,并且使大学生懂得在日常生活中自觉践行礼仪规范,养成讲文明、懂礼貌的良好习惯。大学生礼仪养成教育的侧重点在于思想道德品质和文明礼貌的培养,它要求教育对象树立正确的世界观和人生观,从而塑造完美的人格。大学生礼仪教育的核心就是帮助大学生养成懂得尊重的道德品质和遵守规则的文明行为习惯。

大学生礼仪的养成教育是大学生礼仪教育的重要内容。大学生礼仪的养成教育使大学生能够明确哪些行为是符合礼仪规范的,哪些行为是坚决不能去做的,从而使大学生自觉养成礼仪文明习惯。高校不仅要在课堂教学中进行礼仪教育,也应寓礼仪教育于各项活动中。例如,实行每日的常规礼仪检查,检查内容可以是学生上课期间的礼仪文明情况，如检查大学生是否有穿拖鞋上课的习惯，是否有在课堂上睡觉、玩手机、不尊重教师的行为。高校在每学期都应该举办评选"礼仪标兵"的活动，将礼仪行为优秀的学生照片和事迹发布到校园网上，或者粘贴到宣传栏中，供其他学生参考学习。高校还应该多组织一些实践活动，让学生到餐厅、电影院、敬老院等地方实习，感受不同的场景对礼仪规范的要求。长此以往，帮助大学生养成讲文明、懂礼貌的好习惯。

第三节 大学生礼仪教育的特点

礼仪教育是指社会或一些群体根据礼仪规范的要求，有目的、有计划、有组织地对人们进行系统的礼仪教育活动。对大学生进行礼仪教育是为了向大学生传授正确的礼仪规范，从而提高他们的礼仪素养。礼仪教育除了具有明显的规范性，还具有差异性、传承性、时代性和实践性等基本特点。

一、大学生礼仪教育的差异性

礼仪是不同民族、不同地域的人们在长期的社会生活、工作和学习中，为了表达相互的关心与尊重、维持社会稳定而约定俗成的一种行为规范。大学生礼仪教育的差异性主要体现在以下三个方面：

第一，由于不同国家的社会生产力水平不同，同一国家的各个民族之间又有着不同的风俗习惯和文化背景，因此人们表现出的礼仪行为千差万别，礼仪教育呈现出差异性的特点。以见面礼仪为例，中国人见面时通常用握手并伴随微笑着点头致意，表达对对方的尊敬；法国人见面时通常会拥抱并亲吻对方的脸颊；日本人见面多以相互鞠躬为礼。虽然表达方式不同，但都是表示尊重、友好的礼仪文明行为。

  第二，大学生个体之间存在差异。当代大学生思维活跃、个性鲜明，每一个大学生都是独立的个体，都有着不同于别人的性格特点。即使是同一种礼仪行为，在不同的人身上也会表现出不同的礼仪效果。比如，性格开朗的人和性格内敛的人所表现出的礼仪行为会给人截然不同的感受。

  第三，大学生礼仪教育的差异性还体现在学生主体对学习礼仪教育内容的不同选择上。在学习礼仪教育的内容时，大学生更倾向于学习和自己专业、未来工作有关联的礼仪知识。对于不同专业的学生，高校应开设不同类型的礼仪课程。比如，让旅游专业的学生学习社交礼仪、让外语专业的学生学习国际礼仪、让管理专业的学生学习商务礼仪等。不同的文化背景和实际需求形成了大学生礼仪教育的差异性，充分尊重文化差异，学习多方面的礼仪知识，是十分必要的。

二、大学生礼仪教育的传承性

  礼仪是中华民族传统文化的重要组成部分，世世代代的中国人将古代的传统礼节不断地延续下来。人们通过传统习俗礼仪，或缅怀祖先，寄托哀思，或表达对新年的期盼和祝福。除了基本的礼仪，古代儒家传统思想也在潜移默化地影响着每一个中国人。儒家代表作《论语》中记载了大量为人处世的方法和原则，直到今天，《论语》仍然值得人们研读，这些传统思想文化教会人们如何立身、如何孝敬父母、如何对待朋友。当代的中国礼仪文化，就是批判地继承了古代的传统礼仪文化，同时在继承中不断发展，赋予它新的内容，使其能够适应当今社会发展的需要，真正做到"扬弃"，这正是礼仪教育具有传承性的具体表现。通过传承，礼仪才能在各民族之间相互融合，才能成为人们共同遵守的行为准则，才能成为民族的、国家的、世界的灿烂的文化。正是因为大学生礼仪教育具有传承性，才能够使大学生学习到传统礼仪文化知识的精髓，并根据实际情况运用到日常的生活、工作和学习中。学习礼仪文化知识，有利于大学生提升文明礼仪修养，规范自身行为。大学生不仅是祖国的未来和希望，同时还肩负着传承中华优秀传统文化的重任。

三、大学生礼仪教育的时代性

任何一个国家或民族的礼仪文化一旦形成且被社会成员认可，那么所形成的礼仪规范就会被后世一直沿用下去，这是因为礼仪教育具有传承性。传统文化在世代相传中保留着基本特征，同时它的具体内涵又随着时代发展不断丰富。因此，礼仪教育的内容不是一成不变的，它具有鲜明的时代特点：一方面，礼仪作为人际交往的规范要求和基本准则，是社会历史发展和人类长期实践的一种产物，它的具体运用不能完全脱离当时的历史背景；另一方面，礼仪在继承传统文化的基础上，也会随着时代的变化和社会的发展不断产生新的内容。

随着人类社交活动的扩大，许多人在人际交往中会遇到新的问题，这就要求礼仪文化应该随之变化、发展，适应时代的发展要求。比如，在影视剧中会看到古人见面要行跪拜礼，这是因为我国在汉代以前没有正式的凳椅，人们在进食、议事、看书时，只是在地上铺一条用芦苇、竹篾等编成的铺垫用具，即席子，人就坐在席子上，故称"席地而坐"。如果请客人坐正席，则多垫一重席子，表示恭敬。古代所谓"坐"的姿势与现代不同，他们坐时要两膝着地，将臀部置于脚跟，脚掌向后向外，与现代的跪姿相似。每当他们"坐"着向别人致谢时，为表示尊重，往往会将上身挺直，也就是"引身而起"，使坐变成了跪，再俯身向下，逐渐形成日常生活中的跪拜礼。随着社会的进步，人们的物质生活水平显著提高，跪拜礼已经从人们的生活中逐渐消失，握手、鞠躬等新的形式广泛为人们所接受。

当今社会，人们如果被要求行跪拜礼，会被认为是不受尊重的表现。所以，在对大学生进行礼仪教育时，要注重教育内容的时代性，不能脱离时代背景而一味地强调传统礼仪规范。

四、大学生礼仪教育的实践性

礼仪是人与人之间相互交往的行为准则，随着时代的不断变化发展，人际沟通不仅仅停留在用言语表达问候的层面。为了更好地适应社会发展，以及提高自身的道德修养，大学生需要掌握不同的礼仪文化，比如商务礼仪、社交礼仪、家庭礼仪与学校礼仪等，并将礼仪知识付诸实践。在实践中深化对礼仪知识的理解和认同，增强礼仪意识，养成良好的礼仪习惯。

因此，大学生礼仪教育可以满足社会主义精神文明建设的要求，能够切实提高大学生的道德品质和文明礼仪的践行能力。当代大学生思想独立、个性鲜明，不愿被动接受灌输式的教学模式，他们更愿意接受在实践中学习。只有将礼仪教育融入大学生的实际生活中，让学生在实践中去感受不同场合所应遵守的礼仪规范，他们才能真正掌握礼仪规范，从而自觉地规范自身行为。

只有将大学生礼仪教育与实际生活中遇到的礼仪问题结合起来，才能取得良好的礼仪教育效果，从而提升大学生的综合素质。

第三章 多维视角下的当代大学生礼仪素养培育

礼仪教育作为素质教育、德育教育的重要组成部分，对于提高大学生道德素质水平有着重要的促进作用，同时对和谐校园的构建与社会主义精神文明的建设也具有不可忽视的影响。本章主要分析基于优秀礼仪的大学生礼仪素养、人格培育导向下大学生礼仪素养教育、网络视角下大学生信息礼仪素养培育。

第一节 基于优秀礼仪的大学生礼仪素养教育

大学生是接受新思想、学习新技术的前沿群体，是国家培育的高级专业人才，对他们进行礼仪素养培育不仅是他们修身进德、成长成才的客观要求，也是助推国家文明进步的迫切需要。大学生礼仪素养的内涵较广，内容涵盖领域多且复杂，厘清当代大学生礼仪素养培育的主要内容，不仅有利于高校开展礼仪素养培育工作，而且也能方便大学生对照规范内容进行自我反省和自觉学习。

一、大学生礼仪素养中的中国传统文化元素

中华民族五千年光辉灿烂的文化孕育了礼仪传统美德。传统礼仪作为礼仪的渊源，不但为当代礼仪提供了丰富的素材，也铸就了中华民族独特的精神。

因此，对当代大学生进行礼仪素养培育要不断从传统礼仪中吸收优秀内容，传承、弘扬传统美德，使当代文明礼仪更有生气，更富有民族特点。

（一）仁爱孝悌

孝敬父母、尊重长辈是我国优良礼仪传统的重要内容。关于子女对父母尽孝的定义，社会上有多种声音，体现出不同层次。当代大学生孝敬父母应包含以下内容：

第一，听从父母召唤。

面对父母的呼唤应积极回应，不可故意拉长腔调，以散漫状态回复；当父母指出缺点、给出意见时，应恭敬倾听，不可置若罔闻、心不在焉，甚至撒泼顶撞。

第二，关心父母的健康。

大学生在学校期间少有时间回家探望，与父母的联系不频繁，部分大学生正是利用这一点远离父母的唠叨，同时也忽略了对父母应有的关心。大学生以学业为重，回家时间少，虽不能每日侍奉陪伴父母，但可以偶尔利用休息时间问候父母近况，放假回家时可以定期陪父母检查身体，多帮父母做点家务活；有条件的情况下，也可以教父母使用一些基本的医疗器具，学习一些基本的急救常识，让父母在家也能关注自身健康。

第三，以温和亲切的态度对待父母。

大学生与父母有一定的年龄代沟，沟通时常会出现误会。在误会产生时，大学生应始终保持温和亲切的态度，保持耐心，调节气氛，促进彼此理解。

第四，自尊自爱，让父母减少担忧。

大学生应当学会对自己负责，对父母负责。独自生活时要照顾好自己的饮食起居，要保护好父母赐予的健康的身体；做任何事情之前要考虑风险性，保证自己的人身安全，不应因为逞一时的风头而伤害自己，给父母留下一辈子的伤痛。

第五，努力奋斗。

高层次的孝，不仅要照顾好父母的生活，不让父母无谓地操心，还要为父母增光，不辱没父母的名声。大学生代表父母的声誉，如果自身素质高，旁人会夸赞其得益于父母优良的家教。因此，大学生应当恪守本分，勤奋学习，不断提升自己，发挥自身才能，做一个有利于国家和民族的人，最终成为一个真孝之人。

（二）尊师重教

尊师重教也是传统礼仪中一项重要内容。我国在古代就形成了一套学生尊师的礼则，即学生入学时，先要行拜师礼。清朝的拜师礼是在学堂正中摆放桌子，由学生拿着见面礼在学堂外等候，待老师召见后，方进入学堂内，献见面礼于桌上，先向先师孔子牌位跪拜，再向老师行跪拜礼，老师站立揖礼相答。在当代校园中，师生关系依旧是非常重要的关系，尊师重教依然是做学生最起码的道德。

大学生尊师重教有以下三层内涵：

第一，尊重教师的劳动成果，尊重课堂。

人们总将教师比喻成燃烧自己，照亮他人的蜡烛，学生获得的知识离不开教师精心备下的教案，这些教案凝聚着教师平日的心血。大学生应认真听从教师的教诲，遵守课堂礼仪规范，做到不迟到、不早退，认真听课，积极思考。在教师点名回答问题时，要起立恭敬回答，恭听教师的点评，不交头接耳，不做与课堂无关的事情，珍惜教师准备的专业资料，通过用心学习取得佳绩来作为对教师的回报。

第二，虚心求教。

虚心好学，是一个大学生的基本素养。当代学术崇尚自由和开放，大学因此成为传播知识、创新知识的重要基地，也成为培育新精神、新思想的重要摇篮。大学最大的价值，就在于人才和知识十分宝贵，正是由于大批独具学术个性和魅力的学者存在，才让大学成为独特的求学场所。能遇到学养深厚的教师，于大学生而言是十分难得的事。始终保持谦虚的态度求学的大学生，一定能将高校里优厚的资源真正地为自己所用，最终获益匪浅。

第三，时刻尊重教师人格，关心教师。

教师在课堂上是知识的传授者，并非严肃的和遥不可及的。大学生应当抛开思想包袱和职业偏见，真诚感受教师的用心良苦，并以同样的信任和亲近为回报，主动接触教师，以尊敬的态度与教师进行恰当的、推心置腹的沟通和交流，拉近彼此的心灵距离。同时，也要主动关心和帮助教师，教师有繁重的教学和管理任务，大学生应主动帮助教师做些力所能及的事情，减轻教师压力，比如课前整理教具、资料等。在教师身体或精神感觉不适时，要及时送去慰问，在拜访过程中要注意仪态落落大方、彬彬有礼，体现对教师的尊重。

（三）与人为善

大学生在传承与人为善的礼仪文化时有以下三层含义：

第一，要在人际交往中以善心去理解和帮助他人。

当身边同学、教师、家人遇到困难时，要乐于助人，积极鼓励，尽自己最大的力量支持他们渡过难关；在社会上遇见陌生人寻求帮助时，在辨别真伪、保护自身安全的前提下运用智慧，行出善举，真诚给予帮助，不求回报；在身边人获得成功时，要摆正心态，不能心怀妒忌，暗中诋毁他人名誉，影响和阻止他人进步。

第二，要在遇到问题时做到反求诸己。

从自己身上找原因，不推脱逃避，敢于担责，这也是传统礼仪中的重要原则。孔子有云："君子求诸己，小人求诸人。"意为在事情没有达到预期效果的时候，君子会从自身找原因，从不怨天尤人，而小人反之，不仅不对自身进行检讨，还对别人求全责备。大学生在平日交往中应注意做到谦卑平和，在遇到困境和问题时，多换位思考，并友善听取他人真挚的建议和批评，反思自己的不足，有则改之，无则加勉，才能使自己更加成熟。

第三，要尊重他人隐私。

当代社会网络发达，信息较以往透明公开，大学生心性较以往开放自由，但这不意味着在交往过程中无界限、无隐私。大学生要自觉做到即使独处，也不随意翻看、使用他人物件；要忍住好奇心，不随意探听他人秘密，即使得知秘密，也应帮忙保守秘密，做到不随意传播。

（四）诚信待人

"人无信不立"，意思是一个人不讲信用，就不能立足于世，足见信用的重要性。传统诚信文化一直为儒家所推崇，诚信被视作为人之本。鉴于大学生的特殊身份，他们的诚信教育主要分为以下两层内容：

第一，诚信待人。

大学生的成长成才离不开社会的支持，要想在各种环境下都能获得信任与帮助，保持人际关系融洽，就必须做到讲信用，言出必行，答应了他人的事情就要尽全力做到。

第二，学术诚信。

学术诚信是指在进行学术研究、创作、评审等活动过程中要遵循的行为准则。高校的首要任务是培养人才，应当加强学科建设和师资力量，提高学生的综合素质和创新能力，同时鼓励学生参与科研活动，培养创新思维。大学生需要做学术、做学问，这其实也是一个做人的过程。大学生在参与学术活动过程中，应谨慎处理好学术利益关系，培养自己的创新思维，坚持求真务实的品质，脚踏实地，自觉遵守学术诚信。

二、大学生礼仪素养中的西方优秀礼仪元素

我国传统礼仪中有非常丰富的优秀内容值得被传授和继承，但是在世界文化交融的今天，高校成为国际学者交流的场所，当代大学生为了更好地进行国际交往，适应时代变化，除了需要了解本土礼仪知识，还应适当学习和借鉴西方礼仪中的优秀内容。

（一）严格守时

在中国，没有预约的突然造访和临时约请比较普遍，有些约请，即使提前预约也往往在几天之内，留给被邀约人的时间较为紧迫。另外，很多职场人士在时间的把握上往往公私不分，经常出现下班后谈公事，或上班时间谈私事的情况。而这些现象在西方礼仪中都是十分不礼貌的行为。

遵守时间，不得失约，是西方礼仪中的一项重要内容。西方人大多讲究时间和效率，认为时间就是生命，时间就是金钱，尊重时间就是对生命最好的尊重。在西方礼仪中人们不喜欢，甚至会拒绝突然拜访的不速之客，如果需要见面应至少提前一周预约，以便给自己留出充足的时间并精心安排行程计划。在参加涉外邀请活动时，他们都会严格遵循按时到达的准则，认为如果过早抵达，会让主人因准备工作未完成而难堪；若迟到，则会让主人和其他客人空等过久而失礼。这与我国提倡早到有一些区别。在西方礼仪中如果人们有特殊情况无法准时到达，他们会向主人和其他客人诚恳致歉并说明原因；如果无法赴约，他们会及时通知主人并致歉意，因为失约在西方礼仪中是十分失礼的。西方人在职场中会分配好工作时间和私人时间，严格遵循在正确时间做应做之事的原则，很少会出现下班谈公事、上班闲聊私事的失礼情况。

（二）女士优先

女士优先也是西方礼仪中的重要准则，是体现男士绅士风范和男子汉气概的重要标准。这意味着在西方，任何有男士和女士共同参加的社交场合中，每位男士都应主动自觉去尊重、照顾和保护女士，尽其所能地为女士排忧解难，体现对女性的尊重。如果因为男士的疏忽和不慎，使女士陷入困难、尴尬的处境，则意味着男士的失职。

女士优先的具体做法展现在各个情景中，例如，与女士并行时，男士应请女士走在人行道内侧，而自己在外侧保护；当遇到需要开门，或通过拥挤之处时，男士应先行，以便为女士开道和提供保护；在约会时，男士应主动对女士打招呼，必要时应起立以表尊重，而女士则不必；在提供服务方面，男士也应优先征询女士意见，先为女士服务；在用餐时，男士应让女士先点菜；与女士一起外出时，男士应主动帮助女士提沉重物品，减轻女士压力，照顾女士上下交通工具，必要时主动照顾女士优先入座；等等。

（三）注重隐私

在西方礼仪中，是否尊重个人隐私被视作衡量一个人在待人接物方面有没有教养、能不能尊重和体谅交往对象的重要标志之一。中国人的隐私观念与西方人不同，中国人在与他人交往中提倡团结友爱、互帮互助、互相关心，相较于西方人，中国人更愿意与交往对象坦诚相待。但是西方人十分注重隐私，不愿与他人过多谈论私人事件，更不愿私人事件被插手干预。

大学生在进行交往时应注意的隐私包含以下两个方面：

第一，谈论话题的选择。

在与他人进行交谈时，在话题选择上应注意避开带有政治倾向的内容，也不要轻易谈论对方的财产状况、年龄大小、婚姻状况、家庭住址，以及个人经历，交谈时尽量不要窃窃私语，不对他人评头论足。

第二，私人信件的保护。

一些长辈认为翻看孩子日记、手机，可以掌握孩子动态，这是不正常的。西方人重视私人信件，在英国、美国等国家有相关法律条文，明令禁止未经允许私拆他人信件。大学生在进行交往时，应注意保护私人信件。

（四）保持适度距离

在西方礼仪文化中，人与人交往应酬时，会根据双方关系的亲疏，来保持彼此之间适度的距离。大学生在保持适度距离方面需要注意以下内容：

第一，行为举止适度。

在与他人交往时动作不可太随意，如在中国礼仪文化中，常见的男性见面互拍肩膀、女性携手而行等行为，西方人在交往时都会尽量避免，以防引起误会。

第二，关心适度。

不同于中国人乐于主动了解、关心他人，西方人认为相互的关心应适度，不应使他人感到受限，甚至影响到他人私生活。西方人主张一切关心都建立在对方愿意主动倾诉之上，而且关心程度取决于对方倾诉内容的深度，除非对方主动告知或因公必须了解的个人信息，不可主动打听对方的任何个人信息，将自己的好奇和过分关心强加于对方。

相比之下，西方人更推崇精简、高效的礼仪规范，诸如此类的思想值得当代大学生借鉴学习。但由于西方礼仪的产生背景与我国文化背景相差较大，因此其中部分礼仪并不适用于我国当代大学生。当代大学生在借鉴时应注意结合本国文化特色，适当学习符合我国文化精神的礼仪规范。

第二节 人格培育导向下大学生礼仪素养教育

"不学礼，无以立。"在现代社会中，礼仪是每个人立身处世的基本准则。当前，各种层次、各种类型的礼仪教育、礼仪培训蓬勃兴起，这对于提升人们的文明素养、职业素养，塑造良好的个人形象，起到了积极的推动作用。然而，当前礼仪教育大多停留在"仪"的层面，即形式层面、操作层面，未能真正触及礼的内核，也就谈不上触及灵魂、触及人格。对大学生的礼仪教育应以人格培育为导向，着重推进大学生健全人格的培育及良好文明素养的养成。

一、人格培育是大学教育的重要功能

大学阶段是人格培育的关键时期。大学生处于人生的"拔节孕穗期"，就其生理和心理发展而言，这一时期是一个人迅速走向成熟却又尚未完全成熟的

阶段，人格发展存在明显的不确定性、波动性，易受外部环境的影响。大学教育应当抓住这个人格成长的关键期，努力促进大学生身心健康发展，促进人格的健全与完善，这也正是大学教育的重要功能之一。

健全人格无论对个体还是对社会整体发展来说都至关重要。对个体来讲，健全人格是一个人立足于社会并获得发展的必要条件。拥有健全人格的人往往内心善良、为人正直，能够获得较为和谐的人际关系，能够正确看待自己和他人，能够较为妥善地管理自己的情绪，不做极端的事情。

同时，个体的健全人格对于整个社会的发展更具深远意义。国民的健全人格乃是国家兴盛的必要保证。重视人格培育，在我国高等教育中也多有体现。大学生是国家建设的生力军，培育其健全人格应该成为高校教育工作的一项长期重要任务。

二、人格培育的有效路径是礼仪教育

人格是人的内在精神状态和外在行为方式整合的综合体现，是在人与社会、工作环境的交互作用下，形成和表现出来的带有个体独特性的、相对稳定的心理—行为模式。人格的培育应从内外两个方面着手，从内部提升道德理性，从外部塑造行为方式，内外联动，才能实现对个体健全人格的培育。礼仪教育正契合了人格培育的特点。中国古代的礼和仪实际上是两个不同的概念，仪是礼的表现形式，而中国文化语境中的礼，内涵极为丰富，典章制度、礼节仪式、道德规范都属礼的范畴。可以说，礼是按照道德理性的要求制定出来的规范，礼仪就是合于理的行为准则。

简言之，礼是内在，是灵魂；仪是外在，是形式。只有形式没有内在，礼仪就好比没有灵魂的躯壳；只有内容没有形式，礼仪的灵魂就无处安放。二者互相依存，不可分离。礼仪教育也需兼顾内外，以礼仪的思想和内核触动心灵，提升道德理性，以礼仪的外在形式塑造行为模式，提高行为水平，最终有效促进健全人格的培育。

大学阶段的礼仪素养教育应以培育健全的人格为导向，礼仪教育应该也完全可以成为人格培育的有效路径之一。

（一）根植中华礼仪沃土，勉励学生做"君子"

一个社会要想正常运行，就需要社会成员之间和谐相处和分工合作，只有这样，才可以形成合力，推动社会不断向前发展。社会的和谐，需要社会成员之间彼此尊重，心中长存敬人之心。"和"与"敬"正是中华礼仪的基本精神。

与西方礼仪相比，中华礼仪更强调礼仪背后的道德理性，更强调礼仪教育对人格的培育。在课程设计上，大学生礼仪教育应坚持根植中华礼仪沃土，坚持人格培育导向。在教学内容上要精心选择和切入中华优秀传统礼仪的内容，在讲解礼仪的操作规范之前，要给学生讲清楚礼仪背后的思想内涵，让学生不仅"知其然"，还"知其所以然"。

课程设计要触动学生心灵，让学生真正感知礼仪的内在精神和外在要求，感知中华礼仪之美，这不仅有利于培育学生的健全人格，也有利于培育学生对中华优秀传统文化的敬意，进而使学生增强文化自信。

（二）以情动人，情感塑造人格

礼仪教育的制定要依据人情，礼才能真正被学生从心里接受。反过来，在进行礼仪教育的时候，也必须从情感切入，才能触动学生的内心。

在课程内容设计上，不能仅仅停留在礼节、仪式的层面，还要注重深入挖掘礼的内在精神，力争在情感上触动学生。让学生从情感上接受在家要尊敬父母、长辈，在校要尊敬教师、同学，将来走向社会要尊重领导、同事等礼仪思想，力争让礼仪触动情感，触动内心，以情感塑造人格。

（三）教师以身作则，以自身人格魅力影响学生

礼仪教师必须以身作则，率先垂范，以自身人格魅力影响学生。教师应在着装、举止、言谈方面为学生做好榜样，上课时一定要仪容整洁、仪态端庄、

服饰得当、言谈举止得体。要求学生做到的，自己首先要做到；要求学生不能做的，自己坚决不要做。教师言传身教，学生才会欣赏教师，看到教师的人格魅力，进而不自觉地模仿教师，想要成为教师那样的人。这些问题看似都是微不足道的小事，但正是"细微之处见精神"，"身教"的育人效果不可小觑。

（四）学以致用，强化礼仪习惯的养成

礼仪学习一定要学以致用，只学不用，道德理性便无法通过礼仪的践行内化于心，这就等于没学。因此，应在课堂上增加实训环节来强化学生礼仪习惯的养成。比如教师在讲解仪态礼仪部分时，对学生的站、坐、走、蹲等姿态展开训练，并在讲解之后，要求学生分组上讲台演练，然后由学生互评，最后教师点评。

对于社交礼仪部分，比如关于人际交往中的介绍、握手、电话接听、名片使用等礼仪的训练等，教师可采用情景剧的形式，由学生小组自行设计剧情，设定人物关系，将这些礼仪有机融入其中，表演给大家看。这个形式一直深受学生喜爱，这些实践活动也都会计入学生的过程性考核成绩。除了课堂训练，教师可以在每一章学习之后有针对性地布置课下实训作业，要求学生反思自己的仪容仪态、言谈举止有无失礼失仪的时候，自己的问题出在哪里，下一步如何纠正。学生经过实践与反思，进一步端正了礼仪学习态度，并逐渐体会到礼仪背后承载的更厚重的做人道理。

礼仪教育是大学生人格培育的实践路径，人格培育导向下的大学生礼仪教育，应着眼于内外结合的育人方式。一方面，要内提道德理性，在礼的精神、礼的内核上下足功夫，解决学生思想认识方面的问题，让承载礼仪的道德理性深入学生心灵，根植中华礼仪文化沃土，并结合时代发展特色，精心设计课程内容，为处于"拔节孕穗期"的大学生心中埋下真、善、美的种子。另一方面，要外塑行为方式，通过典型行为模式塑造，不断提高学生行为水平，由外而内促进道德理性的内化。一内一外，内外联动，促进大学生健全人格的培育，并为其未来的职业发展奠定良好基础。

第三节 网络视角下大学生信息礼仪素养培育

虚拟世界虽不等同于现实世界，但它亦与现实世界一样，用相对应的准则规范来约束人们的信息行为，即信息礼仪。如果信息礼仪及其教育处于缺失状态，可能会导致一系列信息失范行为，如果网络世界失序，周围环境混乱，就会潜移默化地造成大学生信息行为异化。影响大学生信息礼仪的因素存在于诸多方面，如学校、家庭、社会都会产生不同程度的影响，然而最本质的影响还是大学生自身。信息礼仪及其教育的主要目的或根本目的，是利用信息技术先进性的一面，引导大学生在学习中展现遵守文明行为规范的良好信息礼仪面貌，并内化为一种信息礼仪美德。

教师在教育大学生过程中，言语行为要避免各种"不要如此"，而是"应该这样"。要想解决大学生信息礼仪问题，应找出影响因素，并提出相应的对策。

一、明确大学生信息礼仪培育相关知识

（一）增加相关礼仪教育知识

百年大计，教育为本。网络虚拟世界中各行各业的从业者，无论是大学生用户本人、各网站软件运营商，还是网络管理人员等网络参与者，都是受教育者，都必经教育之路。

1.增设相关课程

纵观个体学生从幼儿时期到大学时期的礼仪课程设置，连在现实世界中应遵循的礼仪规范课程都鲜有开设，更不用说在虚拟世界中应遵循的信息礼仪规范类课程。在素质教育和中国学生发展核心素养引领下的教育时代，大学生仍

存在一定的升学压力,信息技术课程根本无法与专业课程相比,因此应增加信息礼仪相关课程。

从学校的角度来看,可以开设一些合乎规范的礼仪类课程,让大学生学习有关信息礼仪方面的知识,让他们充分了解如何更好地去做一个合格的、规范的、文明的网络学生用户。

提到学校课程,学生的印象都是中规中矩,坐在教室中严肃认真听讲的状态。而信息礼仪类课程设置可以是形式多样、风格多变的,不一定局限于文化课形式的讲授,应秉承让大学生在快乐中习得知识,在知识中寻找快乐的原则,让大学生欣然接受,乐意上课。

相关的信息礼仪知识课程可以通过正式课或者非正式课的形式展开。正式课即组建相应的教师队伍,采用传统的课堂讲授法,将信息世界的繁杂与礼仪知识讲授给学生,整个教学的过程从初始的制订教学计划到最终的教学考核都要有严密的步骤。非正式课的形式主要是选修课或开放性课堂,在选修课上教师可以以讲故事的形式呈现内容,或让学生提前准备材料,采用交流汇报的形式上课;开放性课堂主要是提供"推门即学"的便利方式,多方位促进学生学习信息知识,从而提高学生对信息资源的鉴别能力,增强文明程度。

2.开展专题教育

大学生在学校除了接受课堂上教师讲授的知识以外,学校的教育学习环境氛围更是对大学生起到了潜移默化的影响。学校的教育功能除了要让大学生掌握特定学段该有的基本知识,还要培养大学生各方面高尚的素养。另外,开展丰富的活动对于大学生的学习亦是很有帮助的。然而,需要明确的是,在信息礼仪教育方面,礼仪本就是相对抽象的概念,将抽象概念具体化是最好的呈现方式。具体来说,专题教育活动并不是以礼仪专题讲座的形式,将大学生禁锢在课堂上,而是要开展专门的社团活动或学生会等组织的活动。

目前,学生组织在校园较为常见,除去学习时间,大学生有相当充足的时间自由支配、自我管理、自我娱乐、自我成长等。就某种程度上而言,大学生社团是高校课堂教育的补充和延伸,其在发挥社团常规育人功能的同时,也具有隐性育人的功能,学生组织的重要性显而易见,应发挥学生组织的带头示范作用。社团或者学生会等团体可以多组织有关信息礼仪、信息道德及信息法律等规范类活动。首先,让大学生找到身边的家人、朋友或者同学的不文明礼仪和优良礼仪表现的具体事例,或者让大学生利用计算机技术制作文明、不文明礼仪行为的小视频,通过演绎法让大学生参与其中,直接感知、体会信息礼仪的重要性。其次,可通过礼仪类话剧、校园歌手比赛等形式,吸引大学生的关注。最后,可组织信息礼仪知识竞赛,知识竞赛有利于大学生在游戏中汲取知识。在一系列主题教育活动中,要注意遵循以学生组织为主,以教师组织为辅的原则,不能忽视教师在活动中参与指导。

在学习信息礼仪相关知识方面,学校及教师扮演着较为重要的角色。从教师的角度来看,教学要求是比较严格的,毕竟教师对学生的影响是潜移默化的,教师起到的是渐进性的作用,且大学生在校时间较多,频繁与教师接触。因此,教师不仅要在知识方面为各级学生提供相应的解答帮助,以及提高大学生的知识鉴别能力,还要在道德方面对大学生加强引导,发挥以身作则的榜样引领作用。首先,教师的一言一行,大学生"尽收眼底",这就要求教师要注意自己的言谈举止。其次,教书育人是教师工作的中心环节,这就要求教师做到立德树人,各任课教师在学科教学过程中均可渗透网络用户信息礼仪规范,积极引导大学生,培养大学生的思想道德素养,还可以大力弘扬社会主义核心价值观、精神文明观等,让大学生形成信息礼仪意识,提高大学生的信息素养。

(二)强化礼仪政策扶持力度

法律是由国家制定和颁布的,具有强制性和权威性。国家法律是至高无上的,是一切工作实施的根本依据。

1.增加课程礼仪内容

随着国家经济水平及教育水平的不断提高,各学科课程标准亦紧跟步伐,将学生、教师及社会群体对教育教学的新愿景、新要求以书面标准的形式呈现,大到广义上的课程标准规范、指导纲要类文件,小到具体的承载知识的载体——

一教材，都应进行相应信息礼仪道德内容的整改。

首先就课程标准规范、指导纲要类的教育文件而言，在大的方针指导下，应多增加对大学生及学校人文礼仪道德与精神文明类文化指导，在具体的课程标准中，明确规定大学生应掌握的学科礼仪道德文化知识与文化素养，指导大学生学会或在教师指导下学会当前学段应掌握的礼仪知识，切勿形式化、教条化。

其次是教材方面。对于大学生而言，教材是大学生直接学习的工具，也是学生获得知识最快的途径。对于教师而言，所谓以书为纲，教材是教师备课最重要的依据。因此，教材中能让大学生习得的知识内容是十分重要的。目前，信息技术教材知识内容的外在表现以计算机知识为主，重实际操作。因此，在信息教材中增添礼仪道德类相关知识已迫在眉睫。

2.完善网络法律体系

目前，网络世界的相关法律法规还不够完善，这一问题早就有相关研究人员从不同的研究视角提出过相应的对策。因此，国家应加强对网络法律法规的建设，规范网络社会用户的行为。法律是一切工作的原则底线，无论大学生还是其他主体，在社会环境或者网络环境中，法律对各主体的信息礼仪规范起到的不仅是一种强制性作用，更是一种基础性作用，利用强制手段依法打击不法分子。这里主要强调一点，通过国家互联网发布的各项网络服务规定来看，目前仍然没有一个完整的、系统的、较为精细的有关网络世界的法律，且法律的制定存在一定的滞后性。

完善网络方面的法律，体现法律的尊严并有效遏制网络犯罪的发生，主要遵循"两步走"方略。首先，制定网络世界大的方向性指导法律条文或网络公约，这类法律条文起到的是引领性作用，为第二步制定精细性条文做好部署及方法论指导。其次，制定精细的网络世界各板块的条文。例如，根据用户在网络上的娱乐行为、学习行为、信息交互行为、信息获取行为及信息传播行为等各行为阶段，制定相关的网络信息管理法律。

在依靠大学生网络用户自身道德意识的同时，更要通过法律强制力手段，约束大学生网络用户，如规定大学生每日上网时间、上网时段，将大学生的网络行为与学业挂钩，引导大学生良好的网络行为。

网络法规除了强制约束大学生行为，对网络电商媒体等平台也需要严格把控。目前，国家针对网络电商媒体平台等已经制定了相关的法律。针对网站、软件、平台等各网络巨头制定更为健全的法律，并且去掉法律中部分模糊的惩罚词，对犯罪行为进行强有力的定罪，让各网络巨头从根源上消除不良的文字或图片。健全的法律制度对维护一个良好的互联网环境大有裨益。

二、增进大学生信息礼仪培育情感

（一）树立正确观念

这里的观念主要包括两个方面：一方面，大学生等主体应树立正确的心理观念；另一方面，大学生等主体应树立正确的金钱观念。

1.树立正确的心理观念

就心理观念而言，教育心理学、心理学及社会学等诸多学科的专家学者均对大学生群体的心理问题进行过研究，并且研究表明大学生群体存在诸多心理问题，如焦虑、烦躁、抑郁等。积极的心理观念可以促使大学生群体养成阳光向上、开朗活泼的性格，消极的心理观念不仅会使大学生形成沉闷的性格，还会直接损害大学生的身心健康。

随着国家对心理健康教育重视程度的增强，目前来看，大学生心理健康呈现的是一种较为良性的发展方向与发展态势。因为大学生的心理健康不仅关系到大学生个人的成长，而且对未来整个社会的发展都有着至关重要的影响，所以，必须认真对待大学生的心理问题，通过科学的教育途径，正面并有效地解决大学生的心理健康问题。具体来说，学校可以组建心理健康教育工作室或部门，甚至可以配备较为专业的器材，单独开设一门心理健康教育课程或在固定时间开主题班会，教育大学生正确认识、对待心理问题。

另外，并非所有的教师都可以担任心理健康教育教师，学校可以组织招聘心理健康专业的教师，形成专业的教师队伍。这一系列成果的产出均离不开国家及学校相应的资金投入。因此，国家及学校要对此提供相关的制度支持与资金支持，确保此项课程的实施无后顾之忧，同时学校还要注意对课程教学结果进行一定的检测，即检测大学生的心理健康，对有不良倾向的大学生进行疏导治疗，防止或者避免不好后果的发生。

心理健康教育课程的制定，让大学生直接感知到学校乃至整个社会、国家对心理健康的重视程度，在潜移默化中对大学生的心理健康起到正向的、积极的引导作用。学校一系列正确的心理观、价值观的指导，有利于减少学生心理问题的发生，更有利于营造良好的社会心理健康氛围。

2.树立正确的金钱观念

大学生群体正处于由学校向社会过渡的重要阶段，因此，树立正确的金钱观念是非常有必要的。具体内容包括以下两个方面：

第一，理解金钱的价值，区分事实与夸大宣传。

金钱是生活的工具，而非生活的全部。大学生需要认识到金钱的重要性，同时也要明白它不能买来幸福、健康或真挚的人际关系。要树立正确的价值观，将金钱视为实现个人目标和梦想的手段之一。网络上的信息真假难辨，尤其是关于快速致富、一夜暴富的言论往往夸大其词。学会辨别信息的真实性，不轻易被诱人的标题或夸大其词的广告所迷惑。理解任何成功都需要时间和努力，没有捷径可走。

第二，培养理性消费观，学习理财知识。

网络购物方便快捷，但也容易让人冲动消费。大学生应该学会制定预算，理性评估自己的消费需求和支付能力。避免盲目跟风，购买不必要的物品。同时，关注商品的性价比，选择真正符合自己需求的产品。大学生还应该通过网络资源学习基本的理财知识，如储蓄、投资、保险等。了解不同投资工具的优缺点，根据自己的风险承受能力和投资目标做出合理的投资决策。

（二）控制个人情绪

就个人情绪而言，大学生上网时，容易受到外部多方面的不可控因素的影响，可能存在个人情绪管理不到位、情绪不稳定的情况，从而出现一系列不文明信息礼仪表现。因此，在上网前，大学生要做好相关的心理准备，对于随时可能会看到的不文明语言，及时控制好自己的情绪，另外，回复这些语言的做法是不可取的，而是应选择随手点击举报按钮。

网络是十分便利的，虽然网上有许多资料库，但也有可能存在找不到"正解"的情况，大学生在利用网络学习时，如果找不到相应的学习内容或者找不到完整资料，就要自己主动寻找各种解决办法，如寻求教师、同学的帮助，不能对网络寄予过高的希望，降低不当信息礼仪出现的概率。此外，在网上娱乐时，如果大学生不去浏览不正规网站，就会降低部分网站的推送概率，也会减少不良信息的泛滥。总之，学校需要加强对大学生的引导，使大学生充分理解社会主义核心价值观的精髓，牢固树立健康上网、文明上网的意识导向。

三、增强大学生信息礼仪培育个人意识

（一）正确看待外来文化

外来文化对大学生信息礼仪的影响较小，但仍然不容忽视。倡导学习外来文化是尊重文化多样性、满足多样化文化需求的体现。然而，部分网民，尤其是部分学生用户，本末倒置。对于此类情况，需要在以下两个方面提高认识：

第一，学习好本民族优秀文化。

学习优秀文化切勿停留在文字表面，要学得深，领悟得深，才能深入理解优秀文化，才能将文化运用自如，贯穿于生活、工作和学习等各个方面，坚定文化自信，致力于提高国家文化软实力，让中华文化走出去，影响他人。在现实中，国家越来越重视传统文化的发展，如通过影视业，以电视节目的方式吸引大学生重视传统文化，如《中华好诗词》《国家宝藏》等节目都有着较好的收视率，国家应大力支持此类节目的制作。

第二，理性看待外来文化。

外来文化有优秀的一面，亦有糟粕的一面。大学生是国家创新型人才的后备军，应善于将优秀的传统文化与优秀的外来文化融合创新，创造出为大众所用的积极向上的文化。

（二）增强信息礼仪意识

言论自由及网络言论自由是大众提倡的，然而言论自由也应有度，胡编乱造不仅没有自由，严重的还需要承担法律责任，受到道德谴责和礼仪不合规的惩罚。因此，大学生应做到增强个人信息礼仪意识，具体内容包含以下几个方面：

第一，在现实世界中做好礼仪规范。

大学生群体培养自身礼仪意识可以以校训、校规为准则，以礼仪精神文明为指导，努力践行社会主义核心价值观，促进社会主义精神文明的建设。

第二，将现实世界中养成的礼仪文明意识用于虚拟网络中。

简单来说，大学生使用网络时，要从规范自身做起，注意自身的信息礼仪行为，切勿随意发表不良信息。在看到某些新闻报道或事件时，应冷静思考，学会了解事情真相，再从事物的不同角度看待问题，理智并且合理地评论事件。

第三，大学生可锻炼自己的上网导向意识。

大学生可锻炼自己有目的地上网，有选择上的偏向。有目的地上网时，大学生思绪清晰，在寻找自己想要的信息过程中，相对会更加注重自己的行为规范，也不会轻易地被外在环境影响，形成一定的自律意识和注意自己言行规范的信息礼仪意识。

四、宣扬大学生信息礼仪培育优秀行为

（一）树立典型榜样

积极开展舆论监督，有力地批评背离信息礼仪的错误言行和丑陋现象，对不文明的行为进行曝光，形成以讲信息礼仪为荣、以不讲信息礼仪为耻的风尚。积极持续宣传并树立信息文明礼仪典型，讴歌讲信息文明礼仪的先进典型，发挥榜样示范作用，各高校可以对在信息礼仪方面表现突出的学生进行表彰和奖励，树立正面典型，可以设立信息礼仪相关奖项或荣誉称号，如"文明网民""信息礼仪之星"等，对表现优秀的大学生给予表彰和奖励，激发他们的积极性和创造力。同时，还可以组织优秀大学生分享他们在信息礼仪方面的经验和心得，鼓励其他学生向他们学习并共同进步。

（二）做好礼仪宣传工作

只有通过广泛的宣传教育，好的思想理念才能得以传播，被大众所知。国家、社会或学校的相关宣传、教育对知识的学习起到重要的作用，极大地促进大学生认识信息礼仪。具体来说，包括以下两个方面的内容：

第一，在学校方面。

利用校报、广播、电视、网络等校园媒体平台，以文章、视频、海报等宣传方式，发布关于在信息礼仪方面表现突出的大学生的事迹，提高大学生对信息礼仪的关注度。利用微博、微信公众号、抖音等社交媒体平台，发布有趣、易懂的信息礼仪小贴士或案例分享，引导学生积极参与讨论并传播。营造宣传热点，有利于形成浓厚的信息文明礼仪的氛围。

第二，在家庭方面。

学校要与家长保持密切联系，共同关注大学生在信息礼仪方面的表现和发展情况，同时引导家长在家庭生活中培养学生的礼仪素养，对在信息礼仪方面表现突出的大学生要进行奖励，形成家校共育的良好局面，共同促进大学生的

全面发展和优秀表现。

总之,通过宣扬大学生信息礼仪来培育其优秀行为是一项长期而艰巨的任务。需要高校、学生、家长及社会各界的共同努力和配合才能取得实效。通过加强教育引导、开展实践活动、营造良好氛围等措施的实施,可以逐步培养出一批具有高尚品德、文明素养和专业技能的优秀大学生,为社会的发展和进步贡献力量。

五、净化大学生信息网络环境

(一)净化网络社会风气

大学生用户一旦成功连接网络,进入网站网页,即进入了网络这一大的社会环境。在这一大环境中,各群体都是网络环境的参与者。参与者每时每刻都会产生信息,从信息的产生到信息的发布、传播及获取等阶段,都与参与者息息相关。如果社会各界群体在网络世界中树立良好的社会风气,自觉抵御不良诱惑,就会呈现出一种正向的发展趋势,推动大学生及其他用户的信息礼仪行为朝着正向发展。因此,净化网络社会环境风气,给用户一种良好的上网体验是十分重要的。

首先,良好的网络风气是网络参与者各方共同努力的结果,应该联合起来关注网络健康,引导正确的价值观和网络社会导向。部分信息发布者应停止在法律与道德边缘试探的行为,明白自身不合礼仪的言行会对别人及整个网络环境造成伤害与污染。人人做到不发不实信息,并且坚决抵制低俗信息,对遇到的低俗虚假消息要积极向网络管理员举报,改变看客心理,真正培养起自己在网络世界中的主人翁意识。

其次,增强网络双边治理体系建设。双边即政府层面的行政干预与网络市场自由放任,政府、市场两手抓显得尤为重要。在网络世界中,违法成本较低,合法维护权益的成本较高。合法维护与违法破坏之间存在着明显的经济差异,部分参与者权益受到侵害，出于节约成本的想法，选择息事宁人。政府多渠道提供网络法律援助，增加投入，降低网民维权成本，让网民在经济上无后顾之忧。另外，可在网站旁设立法务组联系方式或广告弹窗，便于网民直接与之联系。在放任网络市场的同时，政府做好一定的宏观调控，在行政层面上予以一定的干预，做好市场、政府统筹管理两手抓，为网络参与者特别是大学生用户提供良好的风气氛围，有利于大学生良好信息礼仪规范的养成。

（二）尊重网络社区特性

与现实社区一样，网络中亦存在各个虚拟社区。大学生在这样的圈子中，其他的同伴会对自己产生带动作用，圈子里的同伴如果都是正向的，就会起到正向的带动作用。分析某些网络社区的大学生用户行为和互动模式发现，网络社区旨在维持学生之间的社交互动，并帮助他们扩大学习范围。在这一网络社区中，每个大学生用户都创建了个人详细信息资料，并且这些个人资料可以被其他人搜索，这是服务于大学生上网基本的信息需求。然而，由于网络具有虚拟性，运营商利用网络技术的先进性满足自身需求，做出有违道德之事，是不可取的，网络社区应为教育教学服务。

首先，尊重网络社区的各种特性。网络的诞生伴随着虚拟性、匿名性等特性，这些特性无其本身的含义，网络外界用户赋予其积极的含义，这些特性就是积极的，为大众所用的。各网络主体做自己力所能及之事，不去触碰法律与道德底线，合理利用网络，充分尊重网络社区的特性，赋予网络积极阳光的内涵，不仅有利于改善整个网络环境，更使自身拥有更好的上网体验。

其次，组建属于自身的网络社交圈。网络的节点是用户，网络若无用户使用，即失去了存在的价值。社交圈在现实中对个体的影响较大，在网络世界中亦是如此。大学生用户在网络中组建属于自己的社交圈，通过在线消息建立彼此间的联系，相互帮助，相互学习，相互提升，从而避免出现在网络世界中落单的现象。

第四章 当代大学生礼仪教育与人文素养培养

第一节 大学生礼仪教育与人文素养的关系

一、人文素养的界定

关于人文素养的界定，目前在各个文献对此表述并不统一，仍然存在着一定的争论。以人文和素养两个方面为出发点，可以对人文素养的概念进行界定。

人文的含义可以从两个角度来说明：从广义的角度看，人文指的是与人类社会有着直接关系的文化现象，它可以是一种有关人性的精神，也是一种有关人与社会的知识；从狭义的角度看，人文包括文学、历史、艺术、法律、哲学等。

所谓素养，一般意义上就是指素质，而人的素质是指个人在先天的生理基础上，通过自然环境、社会环境影响和教育训练，而形成的内在的、稳定的、基本的品质，是培养、衡量人的价值的重要概念。但是，如果从更深一层理解，素质和素养并不是完全相同的概念，素养这个概念不仅强调素质的要求，更强调其为达到这个要求的修养程度。修养是指一个人在社会实践中的自我教育、自我改造、自我锻炼和自我塑造的过程，提升修养可以使一个人达到完美的境界或者水平，是实现自我完善的必由之路。因此，素养不单单包含着素质的要求，还有修养的程度。

综上所述，人文素养是指人们在人文方面所具有的综合素质或达到的发展程度，是人们在长期学习和实践过程中，将人类优秀社会文化成果通过知识传授，形成的相对稳定的内在品格。从这个定义上看，人文素养既包括对人文社会科学知识的掌握，也包括对人文社会科学知识的运用，更重要的是，人文素养要求做一个有高尚精神的人，能够重视人的价值，能够尊重对方的人格尊严，有着较高的道德水平以及审美情趣，能以积极科学的态度看待世界、处理问题，这才是人文素养所要体现出来的最重要意义。

二、大学生人文素养的内涵

人文素养包括以下四个层面的内容：

第一层面是人文知识的素养，包括语言文学素养、历史素养、哲学素养、艺术素养、道德素养、思想素养、政治素养等内容。

第二层面是文化素养，特别是民族文化素养，包括文化传统、基本理念和民族精神、民族传统的素养等内容。文化素养的目的是接受本民族共同认可的世界观、价值观和行为模式，促进个人与社会之间的相互认同。文化素养不是纯粹的知识素养，而是思想观念素养和思维方式、生活方式、行为方式的素养。

第三层面是人类意识素养，包括人类文明基本成果、人类共同的道德观和价值观、人类共同的行为规范素养等内容。人类意识素养的目的是让每一个人学会同他人和谐相处、同其他民族和谐相处、同自然环境和谐相处，使人们在满足自己的需要、平等发展的同时，增强相互合作，促进可持续发展。

第四层面是精神修养的素养，包括精神境界、道德修养、理想信念素养等内容。

大学生人文素养主要包括以下几方面的内容：

（一）以人为本

以人为本的思想在我国历史上早有渊源，管仲说："夫霸王之所始也，以人为本。本理则国固，本乱则国危。"此外，也有"民为贵""国以民为本"

等说法。"国以民为本，社稷亦为民而立"，此语出自宋明理学集大成者朱熹的《四书集注》，意思是"国家以人民为根本，也是为人民而设立"，这是对《孟子》"民为贵，社稷次之，君为轻"思想主张所作的阐释。民本思想是中华民族优秀的传统文化，也是几千年来所秉持的重要政治思想。以人为本中的"人"是指广大人民群众而不是指某一群人，以人为本就是以广大人民的根本利益为本，就是要努力实现好、维护好、发展好最广大人民群众的根本利益。具体来说，包括以下几方面的内容：

第一，正视人的地位。

正视人的主体地位，就要在一切社会活动中始终把人放在最主要、最突出、最根本的位置。要在一切社会活动中始终把人放在最主要、最突出、最根本的位置，以人民的需要确定发展目标，依靠人民推动发展，发展成果由人民享受。正视人的主体地位，就要清醒地认识到，在我国，人民是国家的主人、权力的主体，各级领导干部手中的权力是人民赋予的，用来为人民服务的，人民在把权力赋予各级领导者后，有监督权力运用的权利。只要能对人的主体地位有正确的理解，领导干部就会树立正确的权力观、政绩观，强化宗旨意识、公仆意识，做到民主决策、科学决策，密切党和群众的关系，全心全意为人民服务；广大人民就会强化主人翁意识和责任，履行好主人翁的权利和义务。

第二，发挥人的作用。

人作为社会的主体，在一切社会活动中始终起着能动的、创造性的作用。正是人具有这种能动的创造性，才能不断地认识世界，改造世界。人民群众是历史的创造者，是社会物质文明和精神文明的创造者，是社会发展的根本力量。要尊重人民的主体地位，发挥人民的能动作用，为每个人聪明才智的发挥、积极性的调动、创造力的激发，营造良好的环境和条件。

第三，满足人的利益。

利益是人的活动的根本动力，离开利益的引导和激励，人的行为就会终止。人民群众是社会主义现代化建设的主体力量，要想充分发挥人民群众的巨大作用，关键在于充分利用利益机制。要建立健全经济、政治、文化活动的体制机制,最大限度地实现和满足人们日益增长的经济、政治、文化利益。因此,要不断满足人民日益增长的美好生活需要,充分调动人们的积极性、主动性和创造性。

作为大学生来说,应坚持以人为本的思想,从而提高思想政治教育。

(二)开拓创新

创新为一个国家的发展提供了不竭动力,同时也是一个民族进步的灵魂。创新精神是指要具有能够综合运用已有的知识、信息、技能和方法,提出新方法、新观点的思维能力,以及进行发明创造、改革、革新的意志、信心、勇气和智慧。具体来说,开拓创新的精神包括以下几方面的内容:

第一,开拓创新的精神是一种怀疑、求实的精神。

如果盲目地迷信传统、书本、权威,缺乏好奇心,开拓创新便不会发生。许多重大发现、重大发明,都是在怀疑精神、好奇心的推动下,通过坚韧不拔的努力才完成的。

第二,开拓创新的精神具有敢为天下先的大无畏的胆略和气魄。

如果畏首畏尾,缩手缩脚,不敢阐述自己的新见解,也不会实现开拓创新。万事开头难,要想成功必须迈出第一步。因此,要想创新,必须具有敢为天下先的大无畏的精神。

第三,开拓创新的精神要尊重科学,尊重客观规律。

只有尊重科学,尊重客观规律,才能在开拓创新过程中少走弯路。

大学生作为社会未来的栋梁和创新的生力军,发扬创新精神对于推动社会进步和发展具有重要意义。

(三)爱国主义

《辞海》中将爱国主义定义为"历史地形成的热爱和忠诚自己祖国的思想、感情和行为。是对待祖国的一种政治原则和道德原则。"我国宪法明确规定:"中华人民共和国公民有维护祖国的安全、荣誉和利益的义务,不得有危害祖国的安全、荣誉和利益的行为。""保卫祖国、抵抗侵略是中华人民共和国每一个公民的神圣职责。"2023年10月24日,十四届全国人大常委会第六次会议表决通过《中华人民共和国爱国主义教育法》,该法自2024年1月1日起正式施行。制定本法的目的在于加强新时代爱国主义教育,传承和弘扬爱国主义精神,凝聚全面建设社会主义现代化国家、全面推进中华民族伟大复兴的磅礴力量。在我国,爱国主义教育的具体要求是使受教育者对祖国壮丽河山、悠久历史和灿烂文化具有自豪感,对祖国未来前途充满信心,愿为祖国的主权和尊严、团结和统一、繁荣和富强而不懈奋斗,直至必要时牺牲自己的生命。在不同历史时期,爱国主义教育具有不同的内容和特征。

大学生应当把爱国主义真正地放在心中,树立起爱国主义的精神,不仅要对祖国的同胞有强烈的认同感,同时也要对祖国的成就和文化感到自豪。

(四)崇尚科学

科学精神是以科学的发展为研究对象而进行的一种决策活动。它分析现代科学技术各个领域的内在联系,探求科学技术未来发展的目标,为制定科学技术发展提供科学依据。科学精神是科学在其历史发展中所形成的思维方式、价值取向、行为规范和优良传统的总和,其中包括科学意识、科学态度、科学作风等。具体来说包括实证精神(求实精神)、怀疑与批判精神、开放与创新精神。科学精神的内容随着科学与社会的发展而不断丰富。

大学生应当追求真理、崇尚科学,将真理和科学融入人文素养的内涵中,为人类创造福祉。

(五)互帮互助

互帮互助精神是指在人与人之间的关系中,为了实现共同的利益和目标,互相帮助,互相支持,团结协作,共同发展。互帮互助精神的基本要求是平等尊重,顾全大局,互相学习,加强协作。大学生形成互帮互助的精神,既可以塑造自身的良好品格,也可以为周围的人、为校园、为社会贡献自己的力量,更有助于形成良好的校园氛围、营造良好的社会风气。

互帮互助是中华民族的传统美德，是建立良好人际关系的基础。人的本质在其现实性上是一切社会关系的总和，这一观点在马克思主义哲学中得到了深入的阐述和论证。人生活在社会中，离不开与他人的交往，交往是人类特有的存在方式和活动方式。平常的生活和学习中，大学生只有和他人互帮互助，构成良好的人际关系，才能充分地展示自己的才能，实现自我的价值和目标；若缺乏良好的人际关系，与他人互相猜疑，把大量的时间和精力浪费在错综复杂的人际内耗中，则势必影响人际关系和学习效率的提高。

（六）尊老爱幼

尊老爱幼，即尊重老人，爱护弱小，它是中华民族的传统美德，体现了人们对社会中老弱群体的关爱，也是社会稳定的基础。作为大学生，要将这一优良传统继承下去并不断发扬，以提升自己的人文素养。

从历史角度看，几千年来，中国人民一直将尊老爱幼作为一种社会责任和行为规范。在古代，政府提倡和奖励孝敬老人的行为，留下了不少可供教育子女的著作。在现代，尊老爱幼不仅是一种道德层面的活动，更有了法律的约束力，是每个人的义务。

大学生做到尊老爱幼，不仅是个人自我修养的表现，更是保证社会和谐稳固和中华民族繁衍发展的重要基础。

（七）勤劳实干

勤劳实干是一种优良的传统，这一传统在中国历史的长河中扮演了至关重要的角色。从古至今，勤劳实干的精神一直被视为实现个人价值、社会进步和国家发展的重要途径。这一传统不仅体现在个人的日常劳动中，还体现在国家和民族的奋斗历程中。勤劳，即努力劳动，不怕辛苦；实干，即实地去做。大学生不管是在学习中，还是生活中，都要有这种勤劳实干的精神，才能实现自己的价值。

勤劳实干不仅仅是一种良好的品质，更是基本道德规范的要求，也是人文素养的重要组成部分。它使大学生能够对学习和工作抱有一种使命感和责任感，促使大学生用认真、一丝不苟、埋头苦干的精神去完成自己的学习和工作任务，杜绝自私自利之心和形式主义的干扰。勤劳实干是一种促使人向上的精神美德。

（八）诚实守信

诚实守信是中华民族的传统美德，是中华民族精神的重要组成部分，诚实守信体现了社会文明的基本内涵，是检验社会文明水平的标尺，是个人立身、立业、立言、立功、立德的基础。诚即待人处事真诚，诚心实意，表里如一；信即说真话、守信用、讲信誉，言必信，行必果。通俗来表述，诚实守信精神就是说老实话、办老实事、做老实人。诚信是既属于伦理道德范畴又属于制度法规范畴的一个概念，是处理社会关系、进行人际交往的重要准则。就个人而言，诚信是高尚的人格力量；就社会而言，诚信是正常的生活秩序；就国家而言，诚信是良好的国际形象。

诚信是大学生进入社会的"通行证"，对于大学生而言，诚信不仅是道德品质的体现，更是走向社会的重要资本。孟子的名言"车无辕而不行，人无信则不立"强调了诚信对于个人发展的基础性作用。对于大学生来说，无论是在个人交往、学术研究还是未来的职业生涯中，诚信都是不可或缺的品质。

（九）遵纪守法

遵纪守法是人类社会生存和发展的需要，是确保社会秩序稳定与实现和谐社会的需要，是在家庭生活、职业生活、社会公共生活中公民应当遵循的基本原则。

在社会主义民主政治的条件下，从国家的根本大法到基层的规章制度，都是民主政治的产物，都是为维护人民的共同利益而制定的。遵纪守法就是遵从人民意愿，维护人民利益，具体来说就是要遵守国家法律、遵守规章制度、遵守公共秩序。遵纪守法是每一个积极向上的人所追求的高尚品德，也是构建和谐社会的道德保障。遵纪守法是每个公民应尽的义务，是建设中国特色社会主义和谐社会的基石。它不仅是法律的要求，更是一种道德的体现，反映了公民对社会规则的尊重和对公共利益的维护。遵纪守法的实践，从个人层面来看，能够帮助个人树立正确的人生观和价值观，提升个人品德，履行社会责任，实现自我价值。从社会层面来看，遵纪守法有助于维护社会秩序，保障公共安全，促进社会公平正义，为构建和谐社会提供坚实的道德和法律基础。大学生作为社会的重要组成部分，遵纪守法是其应尽的责任和义务。

（十）自我节制

自我节制精神是指克制自己的行为，坚持自己的信念，不为外界的事情所干扰。自我节制精神表现为自觉和自律，最高境界是慎独。所谓慎独，就是指在无人监督的情况下，仍然坚持道德信念，自觉地按照道德规范的要求去做事，慎独是个人修养中最高的道德品格和道德境界。自我节制精神还表现为自知和自爱，自知就是能够正确地认识自己；自爱就是能够爱护自己的身体，珍惜自己的名誉。只有那些自知自爱的人，才能够保持大度、宽容的心态，能够自己调整心态，远离心理问题。自我节制要求人们确立坚定的道德信念、自觉自律的意识，同时还要节制那些过分的欲望。培养大学生自我节制的素养至关重要，不仅有助于个人的成长和发展，还能促进学术成就和人际关系的和谐。

（十一）艰苦奋斗

艰苦奋斗精神是指在环境相对恶劣、条件相对简陋的情况下，人们不畏艰难，奋发图强，通过顽强的创造性劳动改变现状、摆脱困难、争取胜利的思想品格和行为作风。艰苦奋斗精神要求大学生在面对苦难和挑战时，能够保持坚定的信念和顽强的毅力，勇于克服一切艰难险阻。

三、礼仪教育与大学生人文素质教育之间的联系

（一）礼仪教育是提升大学生人文素质的载体

提高大学生的人文素质，是一个十分复杂的系统工程，需要各方各面通力协作。大学生人文素质的提升需要人文知识、人文思想和人文精神相互作用，这就要求大学生在提升人文素质教育的过程中，抓住基础教育，即礼仪教育和一些科学性教育等，礼仪教育与科学教育为人文教育的内容增加了一定的知识含量，有助于学生更好地吸收人文知识，也为教师减轻教学负担。教师应该在教学活动中以发挥学生的主体性为主，运用多种教学实践方法，帮助学生很好地融入课堂环境中。教师还应该把人文知识、人文思想和人文精神穿插于课堂中，提高课堂教学活动的活跃性和学生参与的积极性。对大学生人文素质的培养还需要有深厚的人文内涵作为支撑，作为主要的教学环境，和谐的校园环境可以使大学生用一种轻松状态进行学习，促使大学生忽略学习和生活中所带来的压力，做一个积极向上、奋发图强的年轻人。

礼仪教育作为我国传统文化教育，延续了中华民族五千多年文明史，对大学生人文素质的提高起着主导作用。礼仪教育首先是从礼貌和仪表等方面开始入手的，教育学生做人做事的基本道理，为大学生的全面发展做准备。礼仪教育继承和发扬了我国优秀的礼仪文化，使礼仪文化中的人文内涵得到升华和提高。有助于开阔大学生的视野，扩展其知识面，拓宽大学生发展的道路，为人文素质教育的更好发展打下了牢固的基础。礼仪教育的推进有利于构建讲文明、懂礼貌、互相尊重、爱人敬人、与人为善、友好相处的社交场所，这不仅丰富了大学生的内涵，提高了他们的内在修养，还能够使大学生在今后的发展中更好地立足于社会。在礼仪教育的不断推进中，大学生对于人文知识、人文思想和人文精神有着更为独到的见解，为大学生人文素质的提升起到了基础性作用。

礼仪教育是严于律己、尊敬他人、不断学习深化的过程，这与大学生人文

素质教育是相互契合和共同进步的。礼仪教育传递人文知识、传授人文思想，树立人文精神，把其人文内涵寓于其中，教会大学生如何独立思考，如何与人相处，如何尊重他人，引导大学生学会做人做事的道理。礼仪教育中所提及的人文内涵是大学生人文素质提高的必备基础和重要导向。

（二）提升大学生人文素质是礼仪教育所追求的最终目标

要想不断提高当代大学生的人文素质，不仅需要拓宽大学生的知识面，更需要对人文素质内在的人文含义进行深刻剖析。这不仅和礼仪教育所体现出的人文内涵相融合，也与其他科学教育所追求的教育标准相吻合。礼仪教育不能只停留在社会规范和文明礼仪上，而应该深入挖掘，让大学生能够将其落到实处。人文素质教育所培育的高尚品格与礼仪教育所追求的人文情怀相一致，大学生礼仪教育的不断开展和创新对提升大学生人文素质具有很大的影响力。

人文素质不是机械地向大学生传递人文知识，礼仪教育也不仅仅是一个简单的教育过程。人文教育具有明显的教化功能，它作用于人的情感状态，影响和改变人的价值观、人生观、个性等，最终目标是教会大学生学会与他人相处，学会做文明人。礼仪教育在这个过程中扮演着至关重要的角色，它不仅是一种行为规范的教育，更是一种人文精神的培育。通过礼仪教育，大学生可以学会如何恰当地表达自己，如何尊重他人，如何在社会中恰当地定位自己，从而实现个人价值的最大化和社会和谐。

各高校都十分注重学生的人文修养，大学生人文素质教育作为我国高等教育的重要组成环节，受到很多条件的制约，与之相对应的问题也慢慢涌现出来。例如，在教学上注重科学技术的培养，忽视人文素质的内涵；在教学实践活动中简单完成教学任务，缺乏实战经验。因此，高校应该对大学生进行礼仪教育，进而提升其人文素质。高校可以开展礼仪文化建设，通过"以礼载道、以礼化人、以礼育人、以礼塑人"四个阶段来实现对大学生的礼仪教育。这四个阶段不仅可以提高大学生对礼仪文化的认知度，增进文化自信，而且还可以强化大学生对礼仪文化情感认同，提升文化自觉。通过这些教育阶段，大学生能够深刻理解礼仪不仅仅是表面上的形式，而是人际交往的润滑剂，是立身处世的根本。

此外，礼仪教育还鼓励大学生以礼仪文化为切入点，了解文化发展的历史渊源，感受中华民族优秀文化的精华，强化民族文化认同感与自豪感。这不仅有助于提升大学生的人文素养，还有助于他们在全球化背景下更好地传承和发扬中华优秀传统文化。

综上所述，礼仪教育通过其丰富的教学内容和形式，不仅教会大学生礼仪规范，更重要的是培养他们的人文精神和社会责任感，从而全面提升他们的人文素质。

第二节 大学生人文素养培养的现实意义

一、有助于大学生健全人格

长期以来，科技的快速发展给人类生活和社会发展带来了诸多积极的影响，加速了全球化发展的进程。但它也不可避免地带来一些负面影响，例如，加剧科技与人文的割裂、使人的生存与发展机会不平等，以及缺少基本的人文关怀和伦理道德。科技可能使竞争加剧、增加人们的工作压力，使人的身体和精神备受折磨。中国科学院院士，华中科技大学教授杨叔子将其总结为"五精五荒"，即精于科学，荒于人学；精于电脑，荒于人脑；精于网情，荒于人情；精于商品，荒于人品；精于权力，荒于道力。其中，"荒于人文"为其根源。

在科技时代，人文精神的精髓是锲而不舍地追求真、善、美的精神。科学需要在高尚的人文精神指导下，才能充分发挥其积极、正面效应，消除其负面影响。培养大学生的人文素养最根本的就是帮助他们健全人格。

"当学生离开学校的时候,他(她)不应该是专家,而应该是全面发展的人。"全面发展可以归纳为身体素质发展和精神素质发展两大方面,而精神素质的发展在很大程度上也就是人文素养的发展。如果一个人缺乏基本的人文素养,那无论他学什么、干什么,都难以成就一番事业。因此,培养完善的人格需要提升人文素养,而只有具备健全的人格才可以称为真正意义上的人。

无论科技发展得多么迅猛,若要以牺牲人内心的平静、祥和,即人格的完善为代价,那么无论多么辉煌的成果都是得不偿失的。提升人文素养正是帮助人走在实现人格健全的道路上,只有对人格完善的追求,才能使人们学会认识自己并理解人生的意义和价值。因此,缺少人文素养或者人格不健全,都会阻碍人的发展。为了实现人与社会、人与人、人与自然的和谐统一,首先应将目标寄托在对个体人格的完善上。从古至今,人文教育教人对人生意义不断探寻、对人格境界不懈追求,充满了人文的光辉,是我国人文教育思想史上宝贵的精神财富。

二、有助于大学生创新意识的培养

作家、艺术家创作时的灵感需要丰富的想象力和激情,如果只是通过逻辑思维,是难以达到这些更高层次的认识的。有人说:"想象力比知识更重要,因为知识是有限的,而想象力包括世界上的一切。"自然科学只能提供知识,而不能提供智慧,智慧是想象与感觉、知觉、记忆等心理活动紧密联系在一起产生的。因此,为了取得智慧,必须有人文科学的协助。世界上许多科学家的发明都是将自然科学与人文科学相结合才创造出奇迹的。

创新型人才必然要有创造性思维和健全的人格。杨振宁、李政道等科学家不但精通专业的科学知识,富有科学素质和科学精神,同时也有很高的文化素质,他们作为自然科学家热情洋溢地宣讲美与物理学、科学与艺术、中国诗词文化等,显示出自身深厚的人文底蕴;而吴冠中等艺术家不仅精通文化艺术之道,而且对现代科学成果津津乐道,用美术手法表达科学内容,显示出人文艺术学者欣赏科学、推崇真理的科学素质和宽广的人文情怀。由此证明，人的智慧是多面综合的，仅仅靠单一的智慧是不能取得成功的。有的大学生缺少文理相容的知识含量，创造性不足，即使取得成绩也多是局限性的。因此，实施人文素养培养有助于培养大学生的创新意识、提升大学生的文化底蕴。

三、有助于大学生综合素质的提高

对大学生的综合素质来说，文化知识和动手实践能力缺一不可，同时，大学生的综合素质又不局限于这两个方面，综合素质是文化、修养、能力的总体体现。大学生的综合素质主要包含健康的心理、正确的价值观、严密的逻辑思维、勇于创新等方面的素质。将大学生人文素养培养与综合素质培养结合起来是现代社会对人才的要求。

中国特色社会主义的各项事业既要着眼于人民现实的物质文化生活需要，同时又要着眼于人民素质的提高，也就是要努力促进人的全面发展。强化人文素养培养有助于大学生综合素质迈上新台阶。人文素养培养在生活、学习和社会参与等各个方面，帮助学生获得基本的观察、分析、解决问题的思维模式和方法，有利于提高大学生的综合能力。人文素养培养注重优良思想道德的形成。无论从事任何社会职业，优良的思想道德都是必备的基本素质，如许多用人单位在招聘时把具有责任感作为招聘的重要条件，把讲诚信作为判断大学生是否有优良思想道德的标准。

为了适应社会发展的需要，竞争激烈的市场经济对大学生知识结构的要求越来越高。大学生不仅要钻研自己的专业知识，而且对专业知识临近的领域也要进行深入研究，把专业知识和人文知识结合起来，坚持理论联系实际。大学生人文素养培养重视创新精神的培养。如今，科技的飞速发展要求大学生具备良好的创新精神，敢于冲破旧的观念和事物，不断开拓新的领域。

高校应重视大学生人文素养培养，充分发挥大学生的主观能动性，利用各种实践活动培养大学生的创新精神，锻炼大学生分析问题、解决问题的能力，不断提高大学生的创新意识。对优秀人文理念的深刻理解和创造性发挥是社会多数人才取得成功的重要因素。加强人文素养培养是为了更好地促进专业素质教育，使学生向着专业能力更高的层次发展，更好地培养学生的综合素质，促进学生的全面发展。

四、有助于大学生在需求层次上达到自我实现

自我实现是指每个人都具有发挥自己潜力和表现自己才能的欲望，只有当人的各种才能或者潜力充分发挥出来时，人才会感到最大的满足。大学生对家庭、社会贡献方面的人生价值在其毕业进入社会后体现。大学生的人生价值要求社会对个人的满足与个人对社会的贡献相统一。所谓自我实现，就是人自身固有的、丰富的创造潜能在现实中得以全面发挥出来。如果某个人具备的能力得到充分的发挥，所养成的德行能够在社会上产生较好的影响，那么，他就实现了外在价值。外在价值实现后人就会有一种成就感，有自我需要得到满足的幸福感，此时人在心理上的感觉就是自我实现。

人文素养培养中，端正态度、调整心态、明确目标是个体自我实现的前提。人发展的根本动力是自我实现，这也是人追求的最高目标。明确自己的目标、寻找自己的目标是当代大学生首先需要考虑的问题。大学生应通过高标准、严要求来规范自己，制定合理的目标。

人文素养培养中，能够自我控制和调节是个体自我实现的基本保证。在自我实现的过程中，大学生必须端正态度保持积极、良好的心态，以严谨、谦虚、求实的态度对待学业，以正确认识、理性判断、谨慎的方法处理其他事情。

人文素养培养中，勇于创新、敢于挑战的精神是个体自我实现的必要条件。当代大学生应积极寻找自我实现的动力，提高自我创新意识，激发内在潜能。大学生要敢于挑战、相信自我、克服一切不良因素，最大限度地调动自己学习和研究的积极性。

人文素养培养中，与时俱进、灵活把握机遇是个体自我实现的关键。当今

社会在快速变化的同时迎来了机遇，也给大学生带来了更大的挑战，这就要求大学生必须与时俱进，适应社会发展的潮流。大学生一方面要不断提高自身的综合要素；另一方面，必须做好抓住机遇的准备，应对社会日益激烈的竞争。

人文素养培养中，注重细节是个体自我实现的基本要求。成功的关键是细节，大学生在日常生活中应做到讲原则、重细节、有条理。

人文素养培养中，全面发展是个体追求自我实现的最终目标。当代大学生应树立崇高的理想，努力学好专业知识，自觉培养交际能力，注重自我素质的提高，做一个高素质、高能力的有用人才。

当代大学生实现自我价值的方法很多，但无论采用何种方法，都必须树立马克思主义的世界观、人生观、价值观，在长期自我完善的过程中，拥有坚忍不拔的毅力。

五、有助于形成良好的校园文化氛围

学校所具有的特定精神环境和文化气氛被称为校园文化。校园景观、校园建筑等属于校园文化，学校的校风、学风、传统、人际氛围及各种规章制度和行为准则也属于校园文化。健康的校园文化可以启迪学生的智慧、陶冶学生的情操，促进学生全面发展。布局合理、整洁优美的校园环境对学生的健康成长有着积极的影响。经过美化、净化、绿化的校园环境，不仅反映了学校优良的校风，也反映了师生良好的精神面貌。人文素养培养不仅可以促进师生之间文化氛围的营造，还可以促进积极向上的校园文化氛围的营造，这无疑会对师生的心灵产生熏陶，产生一种奋发向上的力量。学校的种种设施和教学资源增加了学生接触社会和了解自然的机会，让学生畅游知识的海洋。

人文性质的校园文化活动教育作用显著。例如，在法定节日、传统节日、纪念日进行爱国主义教育，弘扬爱国主义精神，可以激发学生的爱国热情；结合党的二十大报告，积极开展学习教育活动，认真学习贯彻党的二十大精神，可以促进学生对中国梦的理解；结合学校人文教育的全面推进，举办实现中国梦为主题的班会，可以促进学生对新形势下党和国家方针政策的理解。校园文化活动的丰富多彩是校园文化建设的一个重要方面，学生在学习之余，可以汲取更多的人文知识精华。一方面，学校可以通过文化艺术节、演讲比赛、征文比赛等校园文化活动的开展，寓教于知识竞赛，锻炼学生的品格、陶冶学生的情操；另一方面，学校可组织学生参与社会的各种实践活动，丰富学生的课余文化生活，提高学生的精神境界和文化素质。

将人文关怀融入学校制度中，有助于形成良好的校园文化氛围。要想形成奋发向上的文化氛围，需要确立和创造出使全体师生共同认同的学校制度，推动学校改革发展。在组织机构的各项规章制度中融入人文关怀是学校管理的重要手段，体现了学校的管理思想和管理风格。高校的各项规章制度构成了校园文化的保障系统，包括学校的传统活动和仪式，都可以融入校园制度文化当中。制度的制定应该充分体现以人为本的原则，与学校的办学理念一致，体现教育的本质和规律，保障学校有序、持续地发展。在校园制度建设中，高校要不断提高教师的综合素质，加强职业道德教育，转变传统教学观念，充分发挥教师在学校制度文化建设的重要作用，增强校园的文化氛围。将人文精神融入校园精神文化中，有助于形成良好的校园文化氛围。校园文化的核心内容是校园精神文化，它是校园文化追求的最高层次。校园精神文化包括学校的文化观念、价值取向等，校园精神文化既是学校精神风貌的反映，也是学校发展的动力。校风、学风等都属于校园精神文化的表现，校园精神文化的塑造表现为校风建设，校风体现了学校教育环境的精神风貌。学风是学生集体在学习过程中表现的态度和方法，是学生在长期学习过程中形成的文明素养方面的表现。人文精神融入校风中，可体现学校的人文环境；人文精神融入学风中，可使学生奋发向上，促进学生全身心地投入学习。人文素养培养影响和谐校园文化建设。良好的人文环境对学校发展具有巨大的促进作用，浓厚的校园文化氛围离不开人文素养的培养。

六、有助于高校教学质量的提升

　　教学质量的提升有助于提高高校的软实力。教学质量是高校软实力的集中表现，落实人才培养是提升高校教学质量的重大目标。在知识经济社会中，高校承担着为文化创新、科技创新培养主力军的重任，高校的软实力，特别是教学质量决定了高校能否完成培养优秀人才的任务。学校现有的教育资源和办学条件是提升教学质量的外在条件，有效提高学生的知识水平和创新能力是教学质量提升的内在条件。如果高校的教学质量过硬，学生不仅可以学到扎实的实践技能、专业知识，还可以在潜移默化中培养自身的创新意识，为未来实现人生目标奠定基础。高校教学质量的高低决定了其对社会影响力的强弱，包括对其所在的区域、领域、行业的影响，这种影响力是不可估量的。因此，提升高校的教学质量至关重要。

　　人文素养培养聚焦更新教育观念、深化创新教育和改革等方面，为高校的教育教学工作提供了新思路。人文素养培养应使大学生在德、智、体、美、劳等方面都得到发展，成为有社会主义觉悟的有文化的劳动者。人文素养培养能够促进综合型人才培养方案的实施，高校要以学生的需求为导向，优化课程结构，激发学生学习的主动性。

　　人文思想使教学方法由重结果向重过程转变。以往，教师直接将知识结论传授给学生，对学生进行强化训练；现在，教师注重揭示知识的形成过程，让学生在交流和观察、分析中自己归纳，得出结论。在人文思想的影响下，教师注重指导学生学习方法，丰富教学情境，提高学生的学习效果。教师引导学生学会生活、学会做人，培养学生强烈的社会责任感和积极乐观的人生态度。人文素养培养有利于教学方式、课程内容和考评方式等方面的改革。人文素养培养强化实践环节，注重发掘学生的创新意识，实现创新型人才的培养，只有这样，才能保证教学质量的提升，提高高校的软实力。

第三节 礼仪教育对提升大学生人文素养的意义

礼仪教育涉及人文素质的各个方面，良好的礼仪教育有助于学生成长为一个人格健全的社会主义接班人。任何事物都是作为整体而存在的，很少有独立的个体存在，各要素间相互联系，相互作用，共同发挥作用。礼仪教育是大学生人文素质不断提高的载体，它能够在不断吸收和传承的过程中，帮助大学生合理地规范自己的行为，有效地提高大学生人文素质，使大学生更好地融入社会这个大家庭，不被社会所淘汰。

礼仪教育是提高大学生人文素质不可或缺的重要环节，要想更好地提高大学生的人文素质，必须以礼仪教育为指导。礼仪教育促进学生的内在美，能够增强学生的道德修养，开阔学生的眼界，滋润学生的心灵，有效地提升学生的人文素质，在不知不觉中熏陶和改变学生，让学生更深层次地领悟到礼仪教育与人文素质真正的内涵。人文素养的不断提升需要人们不断学习和探索，通过对礼仪教育的不断认识，学生的人文素质得到更好的升华。教师可以让学生先从礼仪教育开始学习，通过它的外在表现形式，逐步发展成为自身的内在素质，进而促进大学生提高人文素质、养成良好形象。

一、有助于培养大学生高尚的品格，追求真、善、美的价值观

良好品格的养成在一个人成长过程中非常重要，一个人如果具有高尚的品格，就能够勇敢迎接机遇和挑战，也能够更好地融入社会，从而获得更加丰富的社会资源，快速地建立起属于自己的生活圈。高尚品格和价值观念中的真、善、美是人文素质的真实含义，正确理解真、善、美有助于大学生在生活和学

习中体会到更多的新鲜事物。每个人都应该能够自发地感觉到，在个人体内有一种"富贵不能淫、威武不能屈"的力量。这种无可比拟的力量就是一个人的品质，大学生应该不遗余力地保持高尚的品格。纵观古今中外，凡是历史上拥有高尚品格的伟人，绝不会因为金钱、利益和地位等利益出卖自己的人格，这样会被社会所淘汰和谴责。

在现实生活中，人们都渴望、期盼在精神方面和物质方面能够得到满足。有的人甚至为了追求更好的物质生活不惜做违法的事，而有的人却享受精神的富足，走向生命的高峰。每个人因价值观念的不同，选择的方向也不尽相同，对真、善、美的追求程度也不相同。部分大学生人文素质缺失、对价值观念扭曲追求，针对这些问题，高校可以通过礼仪教育，塑造和培养大学生的内在品格和修养，进而提高大学生的人文素质，形成和谐美好的校园氛围，进一步提高大学生的综合素质。

二、有利于促进大学生身心健康发展，追求和谐的价值观念

大学生心理健康问题是一直存在的，有的学生心态好，遇事沉着冷静，有的学生心态不好，遇事焦躁不安。当代的大学生都希望拥有单纯的友谊，不掺杂任何的利益关系，渴望有真正的好朋友，能够与他人友好地往来，维护人际关系，这是大学生普遍存在的心理特征。在大学生成长过程中，心理健康问题是不可忽视的一部分，如果一名学生心理健康，则其综合素质较高，具有较强的洞悉力和适应能力；如果一名学生心理扭曲，则其综合素质较差，容易走向极端。高校在教育中要特别注意大学生的心理问题，可以多开展一些有关心理的相关课程，让教师与学生能够像好朋友一样谈心，进而了解学生的心理。一般而言，教师可以从学习和生活两个方面来判断学生是否具有健康美好的心灵。有的大学生在经历人际关系破裂后，没有采取一些积极的方法来排解负面

情绪，就会把自己封闭起来，不与其他人接触，这对学生的成长有很大的影响。除了不会处理人际关系外，还有些学生拒绝与他人相处，常常把自己封闭在自己的生活圈中。久而久之，这些学生很容易患上抑郁症，不利于身心健康发展。在这种情况下，教师应该尽自己最大的力量去帮助他们，促使他们走出人生的低谷，走向辉煌的彼岸。在社会不断更新发展的情况下，大学生必须拥有健康的心理和正确的价值观，才能被社会和国家所容纳。

美国著名作家戴尔·卡耐基曾说："一个人事业上的成功，只有百分之十五是由于他的专业技术，另外的百分之八十五要靠人际关系、处世技巧。"[①]一个人能够生活在不断变化发展的环境下，与他人的帮助和互相尊重是分不开的。大学生是社会主义建设事业的接班人，是祖国不断前进发展的主要动力，大学生价值观念的形成关系到国家和社会的繁荣富强，良好的思想意识有助于他们很好地融入社会。对于现在的大学生，他们更容易接受新的社会事物，逐渐形成新的思想意识和价值观念。树立和谐的价值观念有利于大学生培养自立自强、艰苦创业的精神。礼仪规范准则强调，大学生在与他人交往的过程中，要有良好的仪表仪态，行为举止大方得体，精神状态良好，说话诚心诚意，做人诚实守信。大学生若具备这些条件和娴熟的技术，很容易被单位录用并委以重任，尤其是当应聘者水平不分上下的情况下，礼仪修养和人文素质水平的高低往往影响公司和单位做出最终的选择。如果能够被公司或单位所聘用，那么良好的礼仪修养也能够促使应聘者在公司得到更好的发展。

三、有利于提高大学生文明行为，增强思想道德素质

大学生素质指大学生在高等教育阶段的学习和实践中发展起来或形成的内在的、相对稳定的、对大学生持续发展具有积极意义的主体特性和品质，其综合效应表现为认识和改造主客观世界的知识和能力。大学生素质是知识内化

[①]（美）戴尔·卡耐基：《戴尔·卡耐基全集》，北京九州出版社2010年版，第32页。

和升华的结果，具有内在性、稳定性、有机性、多样性等特点。一般表现为专业素质、思想素质、政治素质、法律素质、道德素质、创新素质、人文素质、科学素质、工程素质、信息素质、管理素质、社会素质、心理素质和社会素质等十三大元素。然而，在学生生活和学习的环境中，仍然存在许多举止不文明的行为。例如，见到教师、同学不打招呼，装作看不见，在图书馆、公园、教室等公共环境中大声叫喊，随手乱扔废纸，乱踩草坪，还有一些学生在公共场所行为举止太过张扬。文明礼仪规范是人类不断发展所形成的做人准则，对社会的发展和国家的繁荣昌盛是有帮助的。从道德意义层面上来说，我国正处于不断发展壮大中，凡是具有道德标准、道德规范和道德要求的思想意识都属于文明礼仪规范。人们一般所指的文明礼仪规范，是指能够让人们在社会这个大环境下约束自己、尊重他人的道德规范。

从最近几年高校人才招聘的趋势来看，许多公司或单位在选拔求职者时都比较注重他们的礼仪修养与思想道德教育的建设，招聘人员普遍认为，大学生思想道德涵养越高，说明其上进心和责任心就越重，更具有吃苦耐劳和乐于奉献的精神，更容易被单位优先录用。思想道德素质包含自身文明素质、具有较强的事业心和上进心、具有诚实守信和求真务实的高尚品格等。一个人的文明素质不是生来就有的，是在后天慢慢培养中逐步形成的，刚出生的孩子只会一些最基本的反射活动，在今后的不断成长过程中，才能够逐步形成良好的行为习惯。礼仪教育既是基础性教育，也是终身性教育，为构建和谐美好的大家庭，为社会的不断发展提供了良好的开端，也为提高大学生的思想道德素质奠定了基础。如果高校不开设礼仪教育这门课程，大学生会处于一个迷茫、无所适从的状态中，礼仪修养得不到提高，进而影响思想道德素质的养成，很容易被社会所淘汰。

大学生优良的思想道德素质，不仅与社会的发展变迁有关，还与树立正确的社会主义核心价值观息息相关，与我国的综合国力发展程度也是分不开的。大学生要想成为社会主义和谐社会的接班人，就必须拥有实事求是、乐于奉献、吃苦耐劳的精神，必须具有良好的思想道德意识和人文意识，把思想道德素质放在首位。只有具备前进的思想，优良的道德，大学生才能够很好地完成国家和社会赋予的责任，为祖国的繁荣昌盛共同努力进步。

我国综合国力的不断提高不仅与社会文明礼仪规范有关，还与个人的优良习惯也是息息相关的。懂得礼仪修养和思想道德素质，能够帮助大学生更快地融入社会。一个人若想立足于社会，就必须注意自己的言行举止，不眼高手低，从小事做起，不断充实自己，努力提高自己，才能在工作和事业上更上一层楼。在现代社会，国家大力提倡全民素质教育，思想道德教育也成为高校培养学生的重中之重。加强思想道德教育有助于学生的不断进步和发展。"知者行之始，行者知之成"很好地诠释了行与知的含义，礼仪教育具实效性和明确性，开展和实施礼仪教育能够传授人文知识，理解人文思想，弘扬人文精神，为社会的发展奠定了坚实的基础。思想道德教育的不断发展和创新，有利于学生更好地服务于社会和国家。

四、有利于增强大学生审美能力，增强人文关怀情感

"美"作为一种真实存在的思想观念，深深地印在学生的脑海中，冲击着学生对美的向往。不同层次的"美"影响着大学这个大环境，影响着学生的审美意识。当下，高校应该通过对礼仪教育来提升大学生的审美意识，进而提升大学生对真、善、美的正确理解。要想树立正确的审美意识，就必须具有一定的人文素质修养，包含对人文知识的理解程度、对人文关怀情感的认同度及社会生活经验等。要想增强审美能力，除了注重人文素质的培育，还要注重教师的引导作用。

如果一个人没有对美的欣赏能力，即使是一幅气势磅礴的画呈现在眼前，或看到自然界中使人流连忘返的秀丽河山，或者是生活中令人心旷神怡的美丽景象，他们也不为之所动，体会不到其中所蕴含的真正的美。真、善、美三者是相互统一的，其中，善需要人们不断地去积累和形成，美需要人们去不断地探索和发现。美是为善铺垫的，一个人一旦缺乏了发现美的能力，就失去了对

生活的热爱和向往。美能够鼓舞人们有追求美的勇气和毅力，生命因真、善、美的互补而更加绚丽多彩。

礼仪教育是对真、善、美的很好诠释，它是大学生寻找美的指路灯，是成功道路上不可或缺的重要指标。大学生懂得仪表仪态的重要性是对美最浅层的认识，一个人的气质和修养是靠日常不断积累形成的，不是一蹴而就的。大学生要善于发现自身的美和生活中的美，认识美真正的内涵。开设礼仪教育课程，不仅是为了让学生懂得基础的礼仪知识，还是为了培养他们具备一种良好的审美意识，让他们清楚地认识到如何塑造美的心灵，尊重他人、爱护他人、尊重生命，懂得只有发自内心的美才是真正的美。通过礼仪教育传授的人文知识，蕴含着深厚的人文思想、浓厚的人文关怀情感和博大的人文情怀。

第四节 大学生人文素养提升中礼仪教育的应用

礼仪教育是基础性教育，提倡以人为本的思想。礼仪教育的目的就是让学生在复杂多变的环境中不卑不亢、诚实守信、待人友好，同时要有敬人爱人之心，不能做有损于自己人格的事情。在礼仪教育中，贯穿一个核心理念，那就是严于律己、尊敬他人。礼仪教育对大学生人文素质的培养具有明确性和可行性。

礼仪教育的每一条规则都贯穿于礼仪知识中，人文教育也不仅仅是掌握人文知识、传播人文思想，由此可以看出礼仪与人文是不尽相同的，不能一概而论。知识是可以量化的，知识必须进入人的认知本体，渗透到生活与行为中，才能被称为素养。大学生接受礼仪知识都是为人文素质的培养做准备的，有些大学生能够很好地认识到礼仪教育的重要性，进而提高自身的人文素质；而有些大学生拥有相对高的学历，却不懂处世之道，这样的大学生很容易被社会所淘汰。如何更好地提升大学生人文素质，是需要人们不断研究和探索的主题。

一、全面系统地开展礼仪教育，注重传承优秀礼仪文化

提高大学生人文素质较好的路径是全面系统地开展礼仪教育。现代社会正在强力呼吁大学生人文素质的培养，正在大力宣传社会主义道德建设和精神文明建设，公民道德素质与人文素质得到了不断的提升。大学生作为社会主义建设事业的接班人，肩负着为学校、社会和国家的繁荣富强贡献自己力量的重要使命。礼仪的核心思想是敬人爱人，开展礼仪教育时应该让学生热爱生命、敬畏生命，如果礼仪教育的实施遮蔽了对生命的关怀和尊重之情，礼仪就会变得枯燥乏味。

在现代的礼仪教育活动中，对传统礼仪文化的继承和发扬不仅表现在促进理想人格的形成、弘扬孝文化等方面，也体现为坚持以人为本的思想理念、关注大学生个人价值和个性差别等。礼仪教育要对大学生的全面发展起到促进作用，这样才能激发大学生对学习和生活的渴望与激情。礼仪教育课程的开设能够帮助大学生学习优秀礼仪文化，实施礼仪教育能够传递人文知识、传授人文思想、提升人文素质。

在礼仪教育教学中，必须找到人类实际的需求，结合现实生活经验，这样才能将我国优秀的礼仪文化一直延续下来，并被广大民众所传承，付诸实践活动中。中华传统礼仪是中华文化精髓的一部分，它不仅是道德建设的不竭源泉，而且承载着丰富的道德资源和思想理念。将优秀礼仪与学生的现实生活相联系，认可学生的主体性和独立性，礼仪教育要适应大学生身心发展的特征，坚持贴近自然、贴近生活的基本原则，深入浅出，循序渐进。对于传统礼仪文化中的仪表仪态和文明知识，大学生应该多学习和实践，从而形成良好的品格素养。这样能够体现出礼仪教育真正的含义，既传递了礼仪知识，又传授了人文

知识。大学生礼仪教育需要传统礼仪和人文素质相碰撞，塑造正直的人格和品性，彰显礼仪教育的人文内涵，达到礼仪教育与人文素质的有机结合，为当代大学生人文素质的培育打下基础。

二、营造校园和谐礼仪氛围，感受人文、享受人文

环境的变化对人的成长发展具有潜移默化的影响。讲文明、有礼貌的和谐校园环境，能让大学生在不知不觉中产生一种对礼仪教育的认同感和遵从感。高校是大学生接受礼仪教育，不断提高人文素养的重要场所，营造文明有礼的校园环境有利于大学生的学习、生活，和谐的校园环境对大学生的发展具有重要的导向作用，对大学生精神文明的塑造和生活习性的养成都具有不可估量的熏陶作用。

当代的大学生承担着祖国和社会未来的发展的重任。高校是培养大学生的有利平台，大学生的多数时间都是在校园环境中度过的，在这期间他们能够很好地塑造自身修养，养成良好的行为习惯，和谐校园的建立需要每个人共同努力，同学之间应该和睦相处，师生之间应该融洽交流。

另外，教师和领导的表率作用是至关重要的，教师作为学生的指路人，学校的形象代言人，对学生礼仪教育的培育起到关键性的作用。有的教师是大学生引以为傲的榜样，这些教师优雅的仪表、幽默的授课风格、高尚的个人品格都是值得大学生学习和借鉴的，教师不管在课上或课下，都应该关注学生的学习情况和发展状况，逐步传授爱人敬人、与人为善、热爱大自然、关爱集体的人文思想，使学生具备一定的人文内涵，在潜移默化中提高自身礼仪修养，进而提高人文素质。

学校还可以设置一些相关的实践活动来调动学生的积极性，激发学生学习礼仪的热情，指导学生更深层次地认识礼仪教育，并将其运用到社会实践中去。例如，各学院之间可以组织一些以礼仪为主题的联谊活动，创建礼仪社团、成立礼仪小组。学校也可以举办礼仪风采大赛，在校园内广泛宣传礼仪文化，利

用宣传栏、广播、校园网等多种渠道，展示礼仪故事、评选"礼仪之星"等，营造浓厚的礼仪学习氛围。通过举办礼仪文化节、文明宿舍评选等活动，让礼仪成为校园文化的重要组成部分。此外，还可以在校园内设立礼仪示范岗，由教师和学生共同担任。示范岗成员须具备良好的礼仪素养和较高的服务意识，负责在校园内宣传礼仪知识、纠正不文明行为、提供礼仪咨询服务等。

除了应用传统的校园广播来宣传文明礼仪外，学校还可以使用网络媒体来拍摄一些关于文明礼仪的纪录片，在学校的电子滚动平台上多次播放，让学生能够更好地遵守文明礼仪规范，养成良好的学习生活习惯。采用新型的多媒体媒介，如校园电子屏、校园微博和微信等传播载体来进行广播教育，更加形象地展示文明校园的风采，促进学生积极主动地学习礼仪知识，创建文明礼貌的校园氛围。学校还需真正了解大学生的实际需求，从他们需求的根源出发，进一步关注大学生的学习和生活状况，对其深入认识后，学校需要从完善校规制度开始，逐步对其深化，建立起属于学校自身的人文关怀制度，使学生具有爱人敬人的意识，树立正确的价值观念，形成正直高尚的品格。

大学生在和谐文明的环境中，能够深刻体会人文内涵所带来的亲切之感，感受人与自然的和谐相处，感受人与人之间的友好相处。在和谐文明的校园环境里学习和生活，是大学生无比快乐和自豪的事，是大学生健康成长的必备要素。

三、关注人文关怀情感，学会关爱他人与换位思考

所谓人文关怀，从字面上理解是对人的关怀与关爱，就是对人的品性、价值观念和在学习生活上的关怀。教师在实施礼仪教育和提高大学生人文素质的过程中，应循循善诱，促进学生情感交流。美国教育哲学家内尔·诺丁斯的关怀教育理论认为，每个人本能地需要关怀，教育的目标不仅仅是促进学生的智力发展和学业进步，更是培养能够关怀他人、有能力、有爱心，同时也值得别人爱的人。这明显地可以看出生命关怀与人文关怀被紧紧地连在一起，二者相

互补充，共同发挥作用。

在加强礼仪教育的同时，也应该关注教师和学生的人文关怀情感，学会换位思考问题，增加他们之间的理解和信任，使人文关怀情感得到更深层次的发扬。礼仪教育不仅仅是培养学生养成良好的行为习惯，对学生的发展方向也起到了重要的作用，当下，各高校普遍重视大学生的人文关怀情感，它关乎大学生的身心健康、个人成长和社会责任，不仅有助于大学生的全面发展，也为他们未来的成功和幸福奠定了坚实的基础。

幸福美好的环境是每个人所向往和追求的，在现实中，有不少人因为缺少人文关怀情感而产生消极的、不健康的心理，他们经常把自己封闭起来，缺少与外界的交流，严重的可能导致一些事故发生。有些人一遇到挫折和困难就退缩，丧失斗志和勇气，选择轻易地放弃生命。当代大学生要时刻拥有积极向上的心态，时刻关注人文关怀情感的沟通，在遇到困难和挫折的时候要迎头而上，而不是畏畏缩缩。

当代大学生不仅要关注生命，爱护生命，还要学会换位思考，多站在他人的角度上考虑问题，及时与他人沟通，才能彼此尊重和体谅。礼仪教育的开展对大学生培养乐观向上的心理具有积极影响，教会大学生为人处世的方法，使他们从内心真正地认识到为人处世的重要性，这不仅有利于人文关怀情感的交流与沟通，也有利于大学生逐步提高自我认识。

对大学生的人文关怀，不仅仅是一种表面上的关心与照顾，它更是一种深层次的、全面的、持久的关注与培养。帮助大学生学会交流、学会换位思考、养成良好的行为举止习惯、树立正确的价值观念、养成正直的品格，是为了让大学生在获取知识的同时，也能够成为有温度、有情感、有担当的人，为社会和国家的发展增添动力，增加色彩。

第五章 当代大学生礼仪教育与审美

礼仪教学作为高校素质教育课程的一种独特教学形式,把美感教育、美学知识和美的规律贯穿于整个教学过程,拓宽大学生的视野,开阔大学生的思维,帮助大学生树立正确的审美观,培养大学生审美能力和创造能力,提高大学生的美学素养,提升学生的审美素质。本章主要探讨仪容礼仪与审美、仪表礼仪与审美、仪态礼仪与审美。

第一节 仪容礼仪与审美

一、仪容发展史

相传,商纣时期已经开始使用燕支(即胭脂)。到了西周时期,制定了整套的贵族礼仪服饰和头饰的等级制度,其中规定了头发梳理成的样式及头饰的佩戴,允许人们使用假发。到了秦朝,已经有很多人用红粉涂面,而且开始画眉。隋唐时期,仪容礼仪文化迅速发展。在唐朝,政治、经济、文化都发展得很稳定,国际交流也很频繁,这给化妆的发展提供了良好的条件与基础。宋朝时,人们的审美观发生转变,文弱秀丽的面容逐步时兴,面饰被废除,化妆没有大的突破。清朝出现了染发水,这也说明了当时的美容美发技术与材料已经达到了较为先进的水平。

20世纪70年代末，人们的思想观念发生了根本性的变化，越来越多的人意识到化妆是追求美的重要手段，是人际交往中互相尊重的一种文明表现。同时，由于人们物质生活水平的提高，人们越来越注重自己的仪容仪表。仪容仪表已成为社会文明、审美情趣、人们身心健康的体现。

二、仪容的含义

在一定意义上，仪容礼仪是"以貌取人"，它给人的视觉印象迅速而直接，是彼此交往中最能够引人注意的部分。认识并记住一个人，往往是从仪容开始的。第一印象对人际交往的影响力超过75%，通过它可以看出一个人的精神风貌和身体状况。

仪容主要是指人的容貌及人体不需要着装而暴露在外的肢体部位，它包括头发、面容（耳朵、眼睛、鼻子、嘴巴、脖子等）、手部和腿部等。在人际交往中，每个人的仪容都会引起交往对象的特别关注，并将影响到对方对自己的整体评价。

仪容美是留给他人的第一印象。仪容美的基本要素是面容美、头发美、肌肤美。美好的面容往往给人一种温柔和亲切的感觉，使人感到易于接近和交往，这种感受源于他们的五官特点和面部比例。头发作为人体的重要组成部分，其健康状态和发型设计对整体仪容有着显著影响，健康的发质、合适的发型能够增添个人魅力，提升整体形象。肌肤的健康状况直接反映了个人的生活状态和健康水平，光滑、有弹性的肌肤不仅能够提升个人形象，还是身体健康的标志，能够给人留下健康自然、鲜明和谐、富有个性的深刻印象。

要想达到仪容美，那么对仪容的修饰是很重要的，其基本要求是卫生、整洁、美观、得体。首先应该牢记的是，不要为了某一天而刻意修饰自己，而是要在平时注意自己的面容、头发、肌肤等。

（一）头发的修饰

一般情况下，人们在观察一个人时，往往是从头到脚、从上到下地打量，也就是说对方最先注意的是头部和脚部，而头发处于人体的最高点，很能吸引他人的注意力。无论穿多么漂亮的衣服，如果头发乱蓬蓬的，鞋子也很脏，那么看起来也会给人很邋遢的印象。正因为如此，大学生如果不打算失礼于人，不想使自己的形象受损，就应该重视头发的修饰，即仪容的修饰应"从头开始"。

1.净发

（1）勤于清洗，不要"油光可鉴"

正确的方法不仅是洗净头发，还要使用具有养发功能的产品，让头发越来越有光彩。如果一个人是油性发质，或处于严重污染的生活和工作环境之中，或每天都使用头发定型产品，则可以天天清洗，但要注意使用优质的洗护产品。如果一个人是中性发质，一般隔天洗一次比较合适。

（2）经常梳理，不要凌乱不堪

大学生要每天认真梳理头发，经常地梳理头发，这样既可以养发又可以养颜。每个人的头发都是一种有生命的纤维质，在高倍电子显微镜下观察，可以看到它的表面排列着无数的鳞片，即鳞状表层。经常梳发可以使头发的鳞状表层顺着一个方向，使头发不易分叉，还可以带出头发里的污垢，促进毛囊代谢和头皮血液循环，达到养发和养颜的目的。所以，大学生在出门前、换装后、脱帽后都应自觉梳理头发。

（3）定期修剪，不要"杂草丛生"

大学生定期修剪头发，不仅可以保持干净整洁的形象，提升自己的精气神，还能保持美观的造型。在一般情况下，每二十天至少修剪一次头发。男生的头发一般要求前不过额头，后不及衣领，两鬓不触耳。

2.发型

发型是指经过清洗、修剪、梳理之后，人们按照自己的主观意愿，使头发呈现出来的一定的形状。每个人在选择发型时，往往需要同时考虑多重因素，包括性别、年龄、性格、身材、脸型、职业、发质等。

（1）性别因素

在头发的长度上，男女是有别的。一般认为，女士可以留短发，但很少理寸头；男士头发可以稍长，但不宜长发披肩，梳辫挽髻。在头发的长度上可以中性化一点，但不应当超过极限。

（2）年龄因素

发型应当体现人的年龄段，不同的年龄段可能会喜好不同的发型风格，如年轻人可能更倾向于时尚、前卫的发型，而中老年人则可能更注重实用的和易于打理的发型。

（3）性格因素

每个人的发型，在一定时期通常会相对保持稳定，体现了人们不同的性格。不同的发型能反映出个人的生活态度和个性特征。例如，"黑长直"发型的人普遍性格温柔平和，善良大方，人缘好，喜欢干净、简单的生活；而波浪卷发则让人看起来优雅，留这种发型的人通常是优雅又浪漫的人，对待生活认真努力，追求浪漫和惊喜；短发的人可能表现出热情直率的性格，为人热情，能给周围的人带来欢乐，个性果断，有自己独特的见解。

（4）身材因素

高而丰满的人适合留有一定的量感与长度的头发，而小巧的人则可以多留一些有层次及有飘逸感觉的头发。只有因人而异，设计不同的发型，才可能给人以美感。

（5）脸型因素

发型的设计要与脸型相搭配，选择合适的发型能够突出脸部的优点，同时掩盖不足，使整体形象更加协调和美观。例如，圆形脸型的人适合中分、偏分、高层次剪裁和轻盈的卷发，这些都可以拉长脸型，避免过于圆润的外观；方形脸型的人适合柔和的卷发、有层次感的短发和侧分长发，这些都可以柔化脸部的硬朗线条。

（6）职业因素

发型还受到职业因素的影响，例如，商界对发型大都有明确限制，女士头发不宜长过肩部，必要时应当以盘发、束发作为变通；男士不宜留鬓角、发帘，头发最好不要长于 7 厘米，即大致不触及衬衫领口。

（7）发质因素

中国人的发质主要有硬发、软发、卷发、沙发等。选择发型时，要根据自己的发质判断适合哪种发型。发型弥补脸型缺陷的方法如下：

第一，衬托法。

利用两侧鬓发和顶部的一部分块面，改变脸部轮廓，分散原来瘦长或宽胖头型和脸型的视觉。

第二，遮盖法。

利用头发来组成合适的线条或块面，以掩盖头面部的某些不协调及缺陷。

第三，填充法。

利用宽长的波浪发型来填充细长的头颈，还可借助发辫、发鬓来填补头面部的不完美之处，或缀以头饰来装饰。

3. 美发

（1）烫发

因为烫发都是用物理或化学手段将头发做出各种形状，所以在烫发时，首先要知道自己是否是过敏体质，以免发生过敏；其次，还要考虑自己的发质、年龄、职业等影响因素。

（2）染发

染发是使用化学用品的染发剂，把头发变成另外一种颜色。

（3）假发

一些大学生为了让自己重塑、调整、变换一种形象，或者是因为自己头发有缺陷而选择佩戴假发。

（二）面容的修饰

一个人的仪容在很大程度上是指人的面部，面部的修饰是个人修饰的重中之重。

保持面容的清洁是日常最重要的工作，其中包括牙齿的清洁和口腔的清新。如果在人群中有短暂的停留，就尽量少吃或不吃葱、蒜、韭菜、腐乳等有强烈气味的食品。餐后应清洁口腔，如果有口气，可以使用漱口水或者口香糖等去除气味，保持口腔的清洁。但在他人面前嚼口香糖是不礼貌的，特别是与人交谈时，更不应该嚼口香糖。

1.面部皮肤

人的面部皮肤总是暴露在空气之中，空气中飘浮的污物、尘埃、细菌，会吸附在皮肤表面，而皮肤自身也会分泌油脂、汗液及产生代谢后的死细胞，如果不及时清除会影响皮肤发挥正常生理功能，导致皮肤失去光泽，出现肤色灰暗、肤质粗糙等情况，甚至会引起皮肤感染，造成皮肤发炎，产生痤疮及斑疹。因此，清洁是保养面部皮肤的关键。

2.眼睛

在一个人的面部，眼睛是最引人注意的地方，所以要保护好眼睛，注意眼部的卫生以及正确地选择眼镜。

3.眉毛

眉毛的外形很重要，它在一个人的整体面部起着举足轻重的作用，它可以调整人的整个精神状态。必要时，可以适当修剪那些不够理想的眉毛，综合考虑眼型、脸型、气质等设计眉毛形状。

4.鼻子

在面部中，鼻子处于一个醒目的地方，要及时清理鼻垢，定期修剪鼻毛。

5.耳朵

注意对耳部内外的除垢，定期修剪耳毛。

6.嘴巴

要护理好双唇，搞好口腔卫生，做到没有口气。胡子属于男性的第二性征，男性进入青春期发育后，自身的新陈代谢、雄性激素分泌等都会比较旺盛，因此胡子生长速度也会较快。一般来说，如果胡子长得快，每天刮一次，如果胡子长得慢，可以两三天刮一次。

7.脖子

脖子是脸的延伸，其皮肤状态更容易受到外界环境和内在因素的影响，因此更能反映一个人的真实年龄和健康状态。人们应当加强颈部的护理，如使用合适的护肤品、注意防晒、改善生活习惯等，这些做法对延缓颈部老化、保持年轻状态至关重要。

（三）手部与腿部的修饰

手是人的"第二张脸"，在日常生活里，手部的外观和状态对于个人形象有着重要的影响。就像面部皮肤一样，手部皮肤的状态也能够反映出个人的健康和卫生习惯。如果手部皮肤粗糙、干燥或者有皱纹，即使面部皮肤保养得再好，也会给人留下不佳的印象。相反，如果手部皮肤白皙细腻，不仅能够提升个人形象，还能给人留下良好的第一印象。手部的保养也是一门学问，出于清洁、卫生、健康的考虑，大学生必须认真洗手、定期修剪指甲。正确的护理方法可以避免手部皮肤粗糙和衰老。例如，避免使用过热的水洗手，以保持手部皮肤的天然油脂，同时手部也需要防晒，以防止紫外线伤害皮肤。

腿部的修饰也很重要。首先，要保持卫生，做到勤洗脚、勤换袜、勤换鞋；其次，定期修剪脚指甲；最后，把影响自身形象的体毛清除干净。正确的腿部保养不仅关乎外观，还关系到个人卫生和健康。通过保持腿部的清洁和适当的护理，可以提升个人形象，同时也能够预防一些皮肤问题。

三、仪容的化妆

化妆是指人们采用专门的化妆品来打扮自己，使自己的容颜更加亮丽可人。在人际交往中，化妆既是自尊自爱的一种表现，也是对交往对象尊重的直接体现。

（一）化妆的目的与要求

化妆的目的就是扬长避短。所谓扬长，就是在化妆时强调自己在形象上的主要长处，适当地展示自身的优势；所谓避短，就是在化妆时应当努力回避自己在形象上的不足，使自己的外部形象免受损害。

一般情况下，在正常的生活中，人们都提倡化淡雅的妆，俗称淡妆，这种妆容讲究自然、素净、雅致。

（二）化妆的基本步骤

一般情况下，一个人在进行一次完整而全面的化妆时，从技巧上讲，其程序与步骤为清洁、打底、眉妆、眼妆、唇妆、其他修饰、定妆。

1.清洁

使用适合自己肌肤的清洁产品，用手指边清洗边按摩，对面部进行仔细的清洁，适当刺激脸部肌肤，促进血液循环，达到温和清除油污、汗水与灰尘的目的，从而彻底清洁面部。这样的清洁方法会使皮肤有通透感，也会为后续化妆带来意想不到的效果。

2.打底

在脸上不断地扑打化妆水，直到感觉脸上的肌肤很滋润、很饱满为止。之后用乳液来滋养皮肤，再给肌肤涂上隔离霜，以隔离各种有害物质。然后，打上粉底液。好的底妆可以调节肤色，均匀肤色，打造出自然的肤色效果，为面部化妆做好准备。

在选择隔离霜时,首先要正确认识自己的肤色和肤质,如果肌肤过于偏白、偏黄,或是有红血丝,可选择带有颜色的隔离霜进行修正。

3.眉妆

每个人眉毛的具体形状对其容貌有一定的烘托作用。眉形又细又弯,会使人平添妩媚;眉形既尖又竖,会使人显得精明强干;眉形粗大平直,会让人看起来诚实稳重;眉形蜿蜒崎岖,会给人以猥琐低俗之感;整齐有型的眉毛会给人以精致、精神的感觉。因此,有经验的化妆者都会非常注重眉形的修理与画法。

4.眼妆

眼睛是脸部的重点。在画眼睛时,着重强调的是眼形和眼睛的结构,如果在这一点上处理得当,就会瞬间使眼睛变得明亮、干净,显得炯炯有神,还可以增加别人对自己的好感与信任感。

5.唇妆

一个人在化妆时,唇部的重要性仅次于眼部。要想使唇形更丰满,唇膏不宜外溢,可以通过画唇线的方式勾画唇形,再用唇膏进行修饰。

6.其他修饰

一般情况下,在上述步骤完成后,还可以打腮红、描鼻翼或者在脸部的突出位置打上高光,使脸部更加立体分明、更加有层次感。

7.定妆

在整体妆面完成之后,扑上定妆粉,使已上好妆的妆面更加美丽、更加持久。

(三)化妆的注意事项

1.忌浓妆艳抹

一般情况下,在日常生活中,如果浓妆艳抹,会给人粗俗、不正经的感觉。

因此，化妆要追求干净、素雅、清丽、若有若无的自然妆面。

2.忌当众化妆或补妆

切忌在公共场合整理自己的妆容。女性在公共场合当着他人的面化妆是非常不雅观的行为，即使身边都是女性也是不礼貌的。需要化妆或出现残妆时，应及时去洗手间进行化妆或补妆。

3.忌借用别人的化妆品

不可随意使用别人的化妆品，即使是关系很亲密的朋友也不可以。每个女人的化妆盒都具有隐私性，每个女人都有各自的喜好与习惯，随便使用他人的化妆品，等于侵入他人最隐秘的空间，是非常不礼貌的行为。而且直接接触皮肤的化妆品、化妆用具最易带上个人的细菌，出于对健康的考虑，也不应该使用他人的化妆品，以免感染皮炎。

4.忌化妆工具脏乱

随身携带的化妆用品应该整齐洁净地放在化妆包内，以便从容地取出使用。

第二节 仪表礼仪与审美

服饰，是指穿戴在人身体上的服装和饰品的总称。服饰是文化的产物，同时，它也是仪表的重要部分，会被人们精心选择。服饰具有极强的表现功能，在与人交往中，人们可以通过服饰来判断一个人的身份、地位、个性、爱好、阅历、职业等。服饰还可以展示一个人内心对美好的追求，体现自我的审美品位，选择合适的服饰也可以提升一个人的风度、气质。

由此可见，服饰可以影响一个人在与人交往中的形象，尤其是在正规场合。

"穿衣戴帽，各有所好。"服饰能够体现出一个人的文化修养和审美趣味。在各种场合都穿戴得体的人，不仅能赢得别人的喜欢，而且也能不断地提高自己对生活的信心，使自己充分享受生活的乐趣；相反，衣冠不整、不修边幅的人，则必然会损害自己的公众形象。要想塑造一个真正美的自我，就要掌握服饰打扮的礼仪规范，掌握着装的礼仪哲学，让和谐的、得体的穿着展示自己的才华和美学修养，以获得更高的尊重。

一、服饰的功能

（一）服饰的实用功能

服饰产生于人们的生理需要，最初人们用树叶做衣裳是为了防寒避暑、遮羞避丑。直到纺织技术不断发展，才有了现代意义的服饰。但无论服饰如何变化，如何向前发展，总是离不开实用功能。

（二）服饰的社会功能

无论古今中外，社会风尚都决定了服饰的样式，而服饰又是社会风尚在每个人身上的直接体现。在原始社会，人们需要经过搏斗才能获得生存的条件。在当代，服饰率先展现了人们的思想和动向，在服饰上争奇斗艳、表现自我，恰恰体现出当下开放、自由、竞争、崇尚自然美的社会风尚。服饰能充分地、比较准确地代表和反映人们的社会角色、社会地位，符合人们所面对的社会公众的一般要求。

（三）服饰的美化功能

服饰具有美化人体的功能。整洁雅致的服饰会使人产生一种无形的魅力，所以人们对此一直坚持不懈地追求着。同时，现实生活的经验告诉人们，服饰的美并不是抽象的，而是具体的；不是绝对的，而是相对的，其中有一定的规范性。同一件衣服穿在不同的人身上会产生不同的感觉，而同一人穿不同的衣服也会产生不同的效果。这是服饰本身的款式造型、色彩质料在某一具体的人身上的综合体现。

在社会交往中，人们由群体形成的特定气氛是服饰美存在的环境，又是服饰美的验证依据。社交群体是由个体组成的，个体的美形成群体的美，而群体的美又对个体的美进行检验、选择和淘汰，这就是服饰美的礼仪效应。

二、服饰礼仪的原则

（一）整体性原则

正确的服饰，能使形体、容貌、气质等形成和谐的整体美。服饰的整体美的构成因素是多方面的，包括人的形体和内在气质，服装服饰的款式、色彩、质地、加工技巧，甚至着装的环境。孤立地看一个事物的各个部分可能不美，整体看却可能显得很美。

服饰的整体美是由服饰的外在美与内在美构成的。外在美指人的形体及服饰的外在表现；内在美指人的内在精神、气质、修养及服装本身所具有的"气韵"。打扮是外在的，大学生要充实自己的内涵，培养自己优雅的风度及高贵的气质，这样在着装上才是成功的。

（二）个性化原则

服饰的个性化原则不单指通常意义上的个人性格，还包括一个人的年龄、身材、气质、爱好、职业等因素所构成的反映在外表上的个人特点。

各式服装有不同的风格和内涵，如果像理解自身一样去理解服装，就能找到适合自己穿的衣服。只有个性化的着装，才能与自己的个性和谐一致，才能衬托个性、展示个性，保持自我以有别于他人。只有当服饰与个性协调时，才能更好地发挥服饰的作用，塑造出自己的最佳形象和礼仪风貌。

（三）符合角色原则

人们的社会生活是多方面、多层次的，他们在不同的社会场合扮演着不同的社会角色。在社会活动中，一个人的仪表、言行只有符合其身份、地位、角色等，才能够被人们理解和接受。例如，教师、公职人员一般要穿得庄重一些，不要打扮得过于艳丽，衣着款式也不要过于怪异，这样可以给人留下一个良好的印象；医生的穿着要力求显得稳重和富有经验，衣着过于时髦给人以轻浮的感觉，不利于给患者治疗；青少年学生的穿着要朴实、大方、整洁，不要过于成人化；演员、艺术家可以根据职业特点，穿得时尚一些。

大学生要端正对服饰的正确认识，避免在自身服饰的选择上出现不妥，最重要的是要注意以下内容：

第一，大学生应当掌握服饰穿戴的基本规范。

大学生应依据时间、地点、场合等来慎重选择自己的服装穿戴，不可为了追求时尚、彰显个性风格而不分时间、地点、场合胡乱穿戴。

第二，大学生应当量力而行。

受条件限制，大学生的穿着打扮不应过分地追逐时尚，不应在衣着上与人攀比，不自量力地进行高消费。

三、男士的仪表礼仪

（一）西装

西装最早出现于欧洲，原本是欧美国家的一种传统的服装样式。清朝末年，随着洋务运动的兴起，西装传入我国，如今已是一种国际化的服装，也是男性服装中非常受欢迎，也非常耐看的一种服装。西装的式样美观大方，做工考究，穿着方便简洁，男士穿起来显得潇洒精神、风度翩翩。西装实用性强，适用性广，四季皆宜，成为很多职场人士必不可少的"装备"。

1.西装款式

男士西装从外观轮廓上可以分为美版西装、欧版西装、英版西装、日版西装四大基本版型。

（1）美版西装

美版西装的特点是比较注重服装的功能，形态自然、宽松飘逸，使用的面料薄、有弹性，垫肩不是很明显，胸部不过分收紧，是一种比较自然的风格流派，讲究穿着舒适，反映了美国人自由清新的着装观念。美版西装最适合在日常的办公场所穿用。

（2）欧版西装

欧版西装的特点是裁剪得体，造型优雅、规矩，特别注重西装的外形，垫肩很高，面料厚，胸部用上等的内衬做得十分挺括，腰身紧收，袖管窄瘦，裤管呈锥形向下收窄。面料以黑色、深蓝色精纺毛料为主，质地要求细密厚实。从整体造型来看，欧版西装与英版西装十分相似，但比英版西装更考究、更优雅，穿上欧版西装，人显得挺拔自信、洒脱大气，还有一点浪漫情怀。欧版西装属于最早的西装造型。

（3）英版西装

英版西装的特点是肩部与胸部线条平坦、流畅，轮廓清晰，体现出严谨的绅士风度。一般采用纯毛面料，颜色以深蓝色和黑色为主。服装整体造型与欧版西装造型极为相似，但肩部和胸部不像欧版那样显著和突出，裁剪非常得体，整体威严、庄重、高贵。许多上层人士在正规场合都喜欢选择英版西装，因此英版西装素有正式西装之称。

（4）日版西装

日版西装的特点是贴身和凝重，是在欧版西装的基础上进行改良的，没有过分的夸张，每一处都是按照身形裁剪而成的，非常适合亚洲人的身材特点。

西装样式很多，主要区别在于领口、纽扣和开衩。按领口分，西装有大翻领、小翻领和平翻领等；按纽扣分，有双排扣、单排扣，单排扣又有一粒扣、二粒扣、三粒扣、四粒扣等；按开衩分，西装下摆的背衩设计主要有无开衩、后中单开衩和两侧双开衩三种形式。不同的开衩类型适合不同的场合和需求。无开衩款式简洁，轮廓干净利落，适合不需要大量活动或者希望展现简洁形象的场合。单开衩设计起源于英国贵族骑马时为避免衣服后面下部挤压产生折褶的款式。这种开衩在西装后背中缝腰线以下，长度通常在 10 厘米以上。适合需要有一定活动空间的场合例如骑马、步行等。双开衩设计能保持西装背面的覆盖，西装也不易出现褶皱，视觉上更显瘦，适合久坐办公的男士。在选择西装时，可以根据自己的需求和喜好来选择合适的背衩类型。

西装不同衣袋有不同的功能，上衣外侧下边的两个衣袋，主要起装饰作用，封口处没有必要拆除；左胸上方的衣袋，主要用于放置装饰手帕；上衣内侧左右两个衣袋，是比较有实用价值的口袋，可以分别放置钱包、钢笔、名片夹等，其他过大过重的东西则不宜放入。西裤两侧的左右插袋和后袋同样不宜放置圆滚的，或有凸起的物品，以求裤围合适、不变形。

2.西装选择

挑选一套有款有型，穿起来提升气质，看起来风度翩翩并且适合于正式场合的西装是十分重要的。

（1）选择颜色和面料

正式场合着装要以深色（如藏蓝色）为主。面料以轻、薄、软、挺的高档毛料为好。这样的面料舒适感强、不笨重，还能体现出西装雅观挺括、不易变形的特点。

（2）选择款式和做工

款式可以根据自己的喜好及需要出入的场所确定。一般情况下，三件套的西装要比两件套的西装正规。做工上要注意看总体的感觉，即平整无褶皱、立体感强、线条流畅、下垂感好。

（3）选购得体的西装

男士在选购得体的西装时应注意以下事项：

第一，合肩、合身。衣长以到臀部下缘为宜，或到手自然下垂状态下的大拇指尖端的位置；袖长则要到手掌虎口处，当手臂举起时才不会显得袖子过短。

西装最适宜的宽度是当西装的扣子扣起后，西装与腹部之间可以容下一个拳头的大小。

第二，衣服必须十分平整，不能有皱纹或突起。西装胸部应贴身平整，翻领不应翘起。裤子的正常腰身应在肚脐上一点，并与地面水平，不能前低后高；在检查西装腰部时，可蹲下再起立，以臀部感到平滑舒畅为合身；裤边不要拖地，可稍长至鞋跟中间处，以防缩水。

3.西装搭配

（1）衬衫

与西装搭配的衬衫，一般称为正装衬衫。衬衫可根据西装颜色来搭配，一般最常见的也最实用的男士衬衫是白色的。衬衫的领子应为硬领，衣领的宽度应根据自己的脖子的实际情况来选择。比如，脖子较短的人不宜选用宽领衬衫，同理，脖子较长的不宜选用窄领衬衫。领子必须平整而不外翘，领围大小适中，领子的高度需要高出西装领1厘米左右。衬衫袖子的袖口需要比西装袖口长1厘米~2厘米，目的是保持西装的卫生，并能够显出穿着的层次。打领带之前应先扣好领口和袖口。衬衫不论长袖或短袖，硬领衬衫都必须扎进西裤里面。

如果只穿长袖衬衫，不与西装上衣搭配，衬衫领口的第一粒扣子可不扣，让其敞开，袖口可以挽起，但一般只能按袖口宽度挽两次，绝对不能挽过肘部。如果与西装上衣搭配穿，要佩扎领带时，则必须将衬衫的全部扣子都扣好，不能挽起衣袖。

选择衬衫的尺码与选择西装大有不同，选择衬衫注重看领围的尺寸大小。穿上衬衫，把所有的纽扣系好后，在领围处以能伸进两个手指为宜。

（2）领带

领带是西装的重要饰物，是西装的灵魂。在西装的穿着中，领带起到了画龙点睛的作用。领带的面料种类繁多，包括天然面料（如真丝、羊毛、棉和麻等）和合成面料（如涤纶、化学纤维等）。选择领带的面料时，应根据场合和个人喜好来决定。真丝领带适合正式场合，而棉、麻或涤纶领带则更适合休闲场合，羊毛领带则因其厚实的质感，适合秋冬季节使用。

领带的色彩和图案可依西装和衬衫的色彩协调搭配，形成一致或鲜明的对比。凡在比较庄严、正规的场合，穿西装都必须系领带。领带的长度，以到皮带扣处为宜。穿羊毛衫时，领带应放在羊毛衫内。中国人民大学博士生导师金正昆在《现代商务礼仪》中提到，领带夹一般只有两种人会用，一种是身份地位特别高的人，另则反之。如果真要用的话也是看不见为宜。这说明在使用领带夹时，应将其别在特定的位置，即从上往下数，在衬衫的第三与第四粒纽扣之间。别上领带夹后扣上西服上衣的扣子，此时从外面一般看不见领带夹。

领带的选戴方法涉及多个方面，包括材质选择、颜色与图案搭配、系法技巧等，这些都能影响领带整体的视觉效果和佩戴者的整体形象。

第一，材质选择。

真丝领带因其丝滑光泽而质感上乘，适合各种场合。羊毛领带硬挺，适合秋冬季节，为整体造型增添正式感。亚麻领带易皱，需要经常熨烫，适合休闲场合。

第二，颜色与图案搭配。

纯色领带适合商务场合，而波点或斜纹领带则能为整体造型增添亮点。印花领带适合休闲场合，可以通过颜色和图案的选择展现个人风格。条纹领带（包括英式条纹和美式条纹）因其经典和具有多样性，适合半正式与休闲场合。波点领带和花纹领带（如佩斯利花纹）可以为佩戴者提供时尚与稳重并重的选择，适用于多种场合。

第三，系法技巧。

半温莎结是一种广泛使用的领结，适合标准场合。温莎结适合正式场合，展现经典与正式感。莫雷尔结适合时尚的男士，展现独特风格。四手结简单易学，适合大多数日常场合。

（3）鞋子

在正式场合下，黑色西装适合搭配黑色皮鞋，这是经典且不会出错的搭配。此外，深棕色或深灰色的皮鞋也是不错的选择，这些颜色沉稳且适合正式场合。

若穿灰色西装,可选择黑色或棕色皮鞋,以此展现出稳重而又不失时尚的气质。若穿蓝色西装,尤其是深蓝色西装,则可与黑色、深棕色、棕色或深灰色的皮鞋搭配,营造出清新而又不失庄重的形象。皮鞋无论新旧,无论颜色,保持鞋面的清洁光亮是第一位的。

(4)袜子

袜子是裤子和鞋子之间的过渡。穿正装西装时,袜子的颜色应该与西装同色,这是正式场合西装穿搭的首选。选择与西装同色的长袜,能够达到腿型修饰的作用,让全身造型更显修长。例如,灰色长袜搭配灰色西装,可以在正式场合展现出庄重沉稳的形象。此外,袜子的长度应该合适,以恰好覆盖小腿肚并结束在皮鞋与裤管之间为宜,这样既能确保腿部线条的流畅,又不会显得拖沓。在质地方面,应根据场合和个人需求选择合适的袜子材质,如棉质、丝质、羊毛等。

4.西装的注意事项

(1)拆除商标

新购买的西装成衣,在上衣左袖口上方,常常会缝有一块非常醒目的商标,有时那里还会缝有一块带有羊毛的标志物。商标的作用主要是告诉消费者这件西装面料的品牌和成分,因此在正式穿着前,应拆除商标。

(2)熨烫平整

一身西装穿在身上,要想达到最佳的效果,就要保持西装外观上的整洁干净、挺括平整、线条笔直。

(3)衣袋尽量不装或者少装东西

西装衣袋的整理很重要,为了确保西装穿起来不走样、不变形,衣袋里应尽量不装或者少装东西,以求西装穿着美观。

(4)内衣与毛衫的选择

穿西装讲的是有款、有型、有韵味,如果里外加衬太多的衣服,就会失去穿西装的风采。如果一定要加,则内衣的颜色要和衬衫的颜色是同一色系的,而且内衣的颜色要比衬衫的颜色浅,内衣的领口、袖口不能外露。毛衫应选用

"V"字领的、素色的、薄款的、贴身的。

（二）中山装

中山装，也被称为中山服，是中国现代服装中的一个大类品种，吸取了中式服装和西式服装的优点，显得精练、简便、大方、实用。由于中山装的设计灵感来源于孙中山先生的个人喜好和生活需求，在他的提倡及他的名望影响下，这种便装式样很快流传开来，经过不断修改，发展成今天的中山装，并成为中国男士普遍穿着的服装。

1.中山装的款式

中山装的最初款式，上衣为敞开式立领，前门襟，9粒明扣，4个压片口袋，背面有后过肩、暗褶式背缝和半腰带。1922年，中山装被改为立翻领、7粒扣，下口袋为老虎袋（边缘悬出1.5厘米～2厘米）。之后再不断翻新，直至形成现代中山装的款式，即关闭式八字形领口，装袖，前门襟正中5粒明扣，后背整块无缝。袖口可开衩钉扣，也可开假衩钉装饰扣，或不开衩不用扣。明口袋，左右上下对称，有盖，钉扣，上面2个小衣袋为平贴袋，底角呈圆弧形，袋盖中间弧形尖出，下面2个大口袋是老虎袋，4个贴袋，各有袋盖及1粒明扣，左右对称，左上袋盖靠右线迹处留有约3厘米的插笔口。

高档中山装在袖口部位有3粒饰扣，裤子有3个口袋（2个侧裤袋和1个带盖的后口袋），需要挽裤脚。很显然，中山装的形成是在西装基本款式上，又糅合了中国传统设计，整体廓形呈垫肩收腰，均衡对称，稳重大方。

2.中山装的礼仪

中山装是我国的民族服装，也是我国男士的传统礼服。着中山装时，要保持整洁，熨烫平整，衣领里可稍许露出白衬衫领。衣兜不要装过多物品，内衣不要穿得太厚，以免显得臃肿。无论是什么社交场合，都要扣好扣子和领钩。成年男子穿上一套合身的、上下同质同色的毛料中山装，配上黑色皮鞋，会显得庄重、神气、稳健、大方，富有中国男子气派。着中山装可以出席各种外交、社交场合。

（三）唐装

唐装，是传统的中式服装，是以清朝对襟马褂为雏形，加入立领和西式立体裁剪所演变出的近现代服饰，和唐制服饰有着本质的区别。清朝康熙年间，对襟马褂为立式领，扣为直角扣，由纽扣和纽襻组成，马褂面料主要使用纱和绸缎。这种马褂长度到腰部位置，袖长到肘部，且袖子和衣服整齐相连，以平面裁剪为主，适宜双手上下左右灵活活动，便于穿戴，故受到官员和百姓的欢迎。马褂是官定服装以外的常服，百姓日常也可穿用，但需避免龙纹、蟒纹等皇帝和太子专用的纹样。一般而言，民间多以绸缎、棉布来制作马褂，绸缎上常织大朵团花、喜寿纹样、折枝花等。马褂中有一种颜色不能随便使用，那就是黄色。黄马褂在清朝服饰中的地位相当特殊，在民间是禁止穿用的，它代表了一种特权，由皇帝赏赐给宠臣穿用。

我国历史上，唐朝前期是兴盛强大的，不仅在国内实现了政治稳定和经济繁荣，而且在国际上也展现了强大的影响力，因此唐朝以后的海外国家大多称中国人为"唐人"，华侨或外籍华人居住的地方被称为唐人街，具有中国传统特色的服装被称为唐装。今人所称的唐装是一个泛称，也是中国传统民族服装的统称，因此不可以把唐装误以为是唐朝的服装。

在正式场合中穿着唐装可以凸显个人穿着品位，又能显示休闲飘逸的气质，唐装是男士除西装外一个很好的选择。无论是穿着中式还是西式的男士服装，都需要遵守严肃谨慎的原则，不可以随意穿着。对于其搭配的色彩，则以深色和单色为主。

四、女士的仪表礼仪

女性的服装比起男性的服装更加丰富多彩、新颖别致，不仅可以借助服饰来显示自己美好的体态，还可以以此来展示自己的修养和风格。

（一）西装套裙

1. 西装套裙的款式

如果说西装是职业男士的最佳制服，那么西装套裙就是职业女性的最佳选择。西装套裙与其他套裙的不同之处在于，它的上衣是没有被改良过的女式西装。女式西装最早也是由男式西装演变而来的，潇洒、刚健的西装上衣与柔美、雅致的女性化服装——裙子组合在一起，二者刚柔相济，相得益彰。西装套裙是女性的标准职业服装，它不仅会使着装者看起来精明、干练、洒脱和成熟，还能凸显出女性所独具的韵味，显得女性优雅、文静、娇柔与妩媚，同时还可以塑造出职场精英的形象。因此，西装套裙体现职业女性的工作态度与女性美的"最好的道具"。

2. 西装套裙的礼仪

职业女性在工作场合的着装要有别于在其他场合的着装，尤其是在工作场合的着装，还代表着一个企业的形象。因此，在西装套裙的选择上更要追求大方、简洁、纯净、素雅的风格，而且上装和下装从颜色到面料都应一致，应是成套设计、制作而成的。

西装套裙可分为两件套和三件套，它们都是由一件西装上衣和一条半截西裙构成的，三件套的西装套裙多加了一件西装背心。如今，两件套西装套裙最为常见。

选择西装套裙时，应注重面料和质量。颜色以冷色调为主，如藏青、炭黑、茶褐、土黄、紫红等，这些颜色能够体现着装者的典雅、端庄和稳重。图案应朴素简洁，避免过于烦琐的装饰。

在穿着西装套裙时，应注意套裙的大小要适度，不宜过于肥大或紧身。上衣和裙子的长度也有讲究，一般认为理想的裙长是下摆恰好抵达小腿肚最丰满的地方，避免过短或过长。

在搭配方面，衬衫应选择与套裙颜色相协调的，避免过于鲜艳的颜色。鞋子应选择皮鞋，颜色与衣服相协调，避免穿拖鞋、凉鞋等非正式鞋履。袜子应选择肉色或黑色的长筒袜或连裤袜，避免穿着颜色鲜艳或有图案的袜子。

西装套裙的穿着场合多为正式场合，如商务会议、正式活动等，因此在选择和穿着时都应遵循礼仪规则，以体现专业和尊重。

（二）旗袍

1.旗袍的款式

旗袍是我国独有的、富有浓郁民族风格的传统女装。旗袍用流畅的曲线造型十分贴切地、自然地勾勒出东方女性躯体的柔美，体现出含蓄凝重的东方神韵。高领斜襟，是旗袍的神来之笔，下摆的长开衩，在严谨中透出轻松活泼，且便于行动。

旗袍原属于满族的民族服装。努尔哈赤在统一女真各部的过程中，建立了八旗制度，从此满族人就被称为"旗人"，所着服装也被统称为"旗装"。因当时的满族男女都穿长袍，故称其为"旗袍"。

在清朝，官用袍服宽肥，上窄下阔呈三角形，无领；下摆设2~4个开衩，便于端坐和骑射；扣襻和箭袖既实用，又可装饰。满族女子所穿的长袍，衣身较为宽大，造型线条平直硬朗，衣长至脚踝。"元宝领"用得十分普遍，领高盖住腮，且碰到耳，袍身上多绣以各色各样的花纹，领、袖、襟、裾都有多重宽阔的绲边。可以说，当时的旗装装饰极其烦琐。

旗袍最初是以马甲的形式出现的，马甲长及足背，加在短袄上。后来人们将长马甲改成有袖的式样，逐渐成为新式旗袍的雏形。20世纪30、40年代是旗袍的全盛期，其基本廓形已日臻成熟。此时的旗袍，在结构上吸收西式裁剪的方法，袍身更为称身合体。旗袍成为兼具中西服饰特色的近代中国女子的标准服装。

2.旗袍的礼仪

旗袍的面料、花色应与着装的场合相协调。普通棉布和真丝织锦缎做出同样款式的旗袍，其风格会截然不同。购买旗袍时，要考虑穿着的场合，选择相应风格的面料和花色。作为礼服时，最好选择单一色调的旗袍，一般常在面料上刺绣或配有饰物。面料以典雅华丽、柔美挺括的织锦缎、古香缎和金丝绒为佳。

旗袍的领口封闭较严，购买短袖旗袍、无袖旗袍时，最好选择吸汗透气的舒适面料，如棉布、丝绸、麻纱等。穿无袖旗袍时，不可暴露内衣。

为了体现女性的端庄，旗袍的长度最好是长及脚面，开衩的高度应在膝盖以上，大腿中部以下。旗袍的领围、领高、肩宽、胸围、腰围、臀围都要合身，任何一处过于紧绷或过于宽松，都会使美感降低，也会使穿着者感到不适。

穿旗袍时，鞋子、袜子、饰物要配套，应当戴由金、银、珍珠、玛瑙等材料制作的精致的项链、耳坠、胸花等。宜穿肉色的袜子，并配与旗袍颜色相同或相近的高跟或半高跟皮鞋。裘皮大衣、毛呢大衣、短小西装、开襟小毛衣和各种方形毛披肩可与旗袍配套穿着。

五、饰物礼仪

（一）饰物的佩戴原则

1.宁愿少但精

佩戴饰物时，数量不必过多。少而精可以突出饰物本身的装饰效果，看起来不杂乱，从而达到画龙点睛的目的。不必要时或者不知如何佩戴时，可以不戴饰物。如果同时佩戴多种饰品，则在总量上不能超过3件（1对耳环算作1件）。

2.重视习俗

佩戴饰物时，要按照当地的风俗习惯去做，遵守习俗是常规的做法，也是尊重当地的文化。不同的国家、民族、地区，佩戴饰品的习俗是不一样的，要了解、要学习、要从众。

3.符合身份

佩戴饰物时，不仅要考虑到个人的喜好，还要根据自己的职业、工作环境、年龄等进行选戴。

4.恰到好处

佩戴饰物时，要想得到好的效果，就必须做到恰到好处，不能过分追求时髦，过分追求华丽和贵重，不能过于夸张，不能浑身上下挂满饰物。

5.扬长避短

佩戴饰物时，要对自己有一个充分客观的认识，认识自身的优点和缺陷。通过选择与佩戴适当的饰物，达到扬长避短、突出优点的目的。

6.男女有别

佩戴饰物时，男人和女人的饰物一般是不能通用的（戒指除外）。

7.协调搭配

佩戴饰物时，要与本人的整体妆面，服装的颜色、款式、风格相协调。

（二）饰物的佩戴礼仪

1.男士饰物的佩戴礼仪

（1）皮带

皮带除了具有固定裤子的实用价值，其装饰作用也日益突出。选择一条质量上乘、款式新颖、大方别致的皮带，可以增加男人的风度和气质。皮带最好采用皮制品，颜色与裤子的颜色相一致。一般来说，黑色的皮带可以搭配任何的服装。

（2）手包

手包最能体现男人的成熟稳重、品位与修养，它是具有实用功能的饰物。在选择手包时，如果经济能力允许，可以购买高档品牌的、由上好皮料制作的手包。手包可大可小，颜色可以选择富有华贵之感的深咖啡色和黑色。

（3）手表

手表不仅具有很强的功能性和装饰性，而且它还能够体现男人的经济实力、身份和地位。

男人必备的三件饰物是皮带、手包和手表。这三件饰物在使用搭配时的颜色要一致，要相互统一。

2.女士饰物的佩戴礼仪

（1）戒指

戒指是一种戴在手指上的装饰珠宝。材料可以是金属、宝石、塑料、木头等。有史以来，戒指被认为是爱情的信物。

（2）项链

项链是用金、银、珠宝、包金、塑料、皮革、玻璃、丝绳、木头、低熔点合金等材料制成的挂在颈上的链条形状的首饰。

项链是人体的装饰品之一，是最早出现的首饰。在我国，从山顶洞人的遗物中就发现了用动物牙齿和贝壳经染色后串成链状的物品，这可能也是世界上最早的项链。从古至今，人们为了美化人体自身，制造了各种不同风格、不同特点、不同式样的项链，满足了不同肤色、不同民族、不同审美观念的人的审美需求。

项链的种类繁多，造型丰富，具有较强的装饰性。恰当地佩戴各类项链能够起到扬长避短、画龙点睛的修饰作用。在佩戴项链时，应注意以下六个方面的内容：

第一，要注意款式合适，尺寸准确。

项链尺寸视人而定，脖子粗的人，尺寸要大些，反之则小。穿高衣领的衣服时，佩戴的项链不要太长，否则挂件不易露出；穿一字领羊毛衫时，可只戴项链，不配挂件；穿三翻领、高领羊毛衫、绒毛衫时，项链要戴在衣服外面，挂件要没有棱角毛刺，以免相互摩擦。

第二，要考虑装饰效果，与服饰配合。

如果要露出项链上的挂件，项链就不宜太长、太粗。如果只考虑项链的美观，就要注意项链的款式与服装款式的匹配度，如有的用单串式，有的用多串式。如果上衣领子是打成蝴蝶结式的，最好不要戴项链，否则会有累赘感。

第三，要讲究不同材质的匹配效果。

不同材质的项链与不同款式的服装相匹配，会产生不同的效果。

第四，要注意与服装色彩的搭配。

项链的颜色以与服装的色彩形成对比色为好，这样可形成鲜明的对比。例如，着单色或素色服装时，佩戴色泽鲜明的项链，能使项链更加醒目，在项链的点缀下，服装色彩也显得丰富；着色彩鲜艳的服装时，佩戴简洁大方的项链，项链不仅不会被艳丽的服装颜色淹没，还可以与服装色彩产生平衡感。

第五，要与年龄、形体、身份同步。

脖子细长的女士佩戴仿丝链，更显玲珑娇美；马鞭链粗实显成熟，适合年龄较大的女士选用；职业女性一般在正式场合，都要佩戴珍珠项链。

第六，同时佩戴的几种首饰要相互协调。

项链宜和同色、同质地的耳环或手镯搭配佩戴，这样可以产生最佳的效果。

另外，珍珠的天然色泽柔和而光润，有如女性嫩润的肌肤。无论年纪大小，无论是着便服、正装还是着晚装，珍珠项链都适合出席各种场合、各种年龄、着各式服装的女性佩戴。

（3）耳饰

日常生活中最常见的、最受欢迎的耳饰是耳环，耳环又称耳坠，是戴在耳朵上的饰品。大部分耳环都是金属制作的，小部分耳环可能是石头、木头或其他相似硬物料制作的。无论男女都可佩戴耳环，但至今还是女性佩戴得比较多。耳环的历史由来已久，亘古至今，跨越时空，不断地发出熠熠光芒。耳环的佩戴应注意以下几个方面的内容：

第一，根据肤色选耳饰。

耳饰的色彩应与肤色互相衬托。肤色较暗的人，不宜佩戴色彩过于饱和、明亮、鲜艳的宝石类或者水晶类的耳饰，建议选择质感和色彩相对柔和的耳饰，如珍珠耳饰。皮肤白嫩的人，如果佩戴暗色系耳饰，就更能衬托肤色的光彩。

此外，耳饰的色彩还应与着装色彩相得益彰，同色系搭配可产生和谐的美感，反差比较大的色彩搭配得恰到好处，也会有富于变化的动感。

第二，根据脸型选耳饰。

圆脸的人佩戴垂吊式耳环能起到拉长脸的作用，不要戴极小型的耳环，否则会使整个脸看起来更大；方脸的人需以圆形饰物来修饰棱角，如中等圈形耳环、扇形耳环等，但不要选择方形的饰物与摇摆的长形耳坠，以免显得脸型更方；倒三角形脸的人应选择上窄下宽形的耳环，如三角形、梨形的耳环。

第三，根据气质选耳饰。

每个人的生活环境和接受的教育不同，培养出来的气质也不同，所以要根据自己的气质选择适合自己的耳饰，否则，不仅无法带来美感，反而会有"东施效颦"的感觉。要想给别人清纯的感觉，一定要戴那种装饰不是很多的耳饰；要想给别人富贵的感觉，一定要戴那种高档的耳饰。

第四，根据身份、年龄、性格选耳饰。

佩戴耳饰应与身份相协调，上班时可佩戴简洁的耳饰，搭配套装或工作装。夸张的几何图形耳环、粗犷的木质耳环、吉卜赛式的巨型耳环有一定的野性，与休闲类的牛仔衣、夹克相匹配，可使人富有豪放的现代感。佩戴耳饰还应与年龄相协调，少女宜戴多边形的有造型感、动感较强的耳钉、耳环，以塑造充满青春活力、朝气蓬勃的形象。对于耳环的材料，不一定要苛求，但中年的职业女性一定要佩戴有质感的珠宝类耳饰，品质上乘的观感远比造型独特更加重要。

（4）手镯

手镯是一种套在手腕上的环形饰品。其按结构一般可分为两种：一是封闭的圆环，以玉石材料为主；二是有端口或数个链片的圆环，以金属材料居多。其按制作材料，可分为金手镯、银手镯、玉手镯、镶宝石手镯等。

手镯的作用大体有两个方面：一是显示身份，突出个性；二是美化手臂。手镯一般佩戴在左手上，镶宝石的手镯应贴在手腕上，而不镶宝石的，可松松地戴在腕部。只有成对的手镯才能左右腕同时佩戴。

在古代的文学作品中，常见有女子以手镯相赠恋人的情节。现在，手镯作为信物的功能越来越淡了，但它仍然是女孩子手腕上美丽的装饰。手镯和耳环、项链、戒指一样，被人们作为艺术品来修饰自己，作为个人风格、爱好的一种装扮手段，手镯正在被越来越多的人接受并佩戴。手镯的佩戴，其审美功能往往是第一位的。一般早晨戴手镯比较容易，到了中午由于人的血管膨胀，手镯不容易戴上。

在古代无论男女都戴手镯，对于女性来说是作为已婚的象征，对于男性来说则是作为身份或工作性质的象征，现代男性少有佩戴。

戴手镯时，手镯的个数一般没有严格的限制，可以戴一只，也可以戴两只、三只甚至更多。如果只戴一只，应戴在左手而不应是在右手上；如果戴两只，则可以左右手各戴一只，或都戴在左手上；如果戴三只，就应都戴在左手上，不可以一只手戴一只手镯，另一只手戴两只手镯；戴三只以上手镯的情况比较少见，即使要戴也都应戴在左手上，以形成强烈的不平衡感。不过在此应当指出，这种不平衡感应通过与所穿服装的搭配来求得和谐，否则会因标新立异而破坏了手镯的装饰美。如果戴手镯的同时又戴戒指，则应当考虑两者在式样、质料、颜色等方面的协调与统一。

（5）手链与脚链

手链是在手镯工艺的基础上，改制而成的一种佩戴在手腕部位的链条状首饰。它既有手镯的气派，也有项链的灵气。手链多由银制成的，也有由矿石、水晶等制成的。佩戴手链是以祈求平安、镇定心志、美观为主要目的。一般来说，手链是戴在右手上的，而左手是用来戴手镯的。一只手最多可佩戴三条手链。

脚链源于美国夏威夷州，当地人把鲜花穿成短短的链挂在脚腕上，这无意间成了脚链的起源。脚链有白金、小钻、陶瓷、景泰蓝、合金等材质，有光面、镂空、刻花、镶钻和各种图形。佩戴脚链不宜戴得太紧，那样会给人一种被绳索捆绑的感觉，有失雅观。相反，松一点才易产生美感并呈现整体效果。脚链的颜色和款式，应该和鞋子、服装相统一，如果颜色相差太远会有种画蛇添足的感觉。另外，脚链的整体大小应根据脚腕粗细做适当选择，如脚腕粗的人就不宜戴过大的脚链。

3.胸饰的佩戴礼仪

胸饰，主要是胸针。胸针起源于石器时代，原始人将兽皮或简陋的织物披在身上，需要用锐利的兽骨或鱼刺等来固定遮身的织物。这些起固定作用的东西，就是胸针最早的形态。

男士佩戴胸针要按照礼仪规定严格执行。着带领的衣服时，胸针要佩戴在左侧；着不带领的衣服时，则佩戴在右侧。发型偏左，佩戴在右侧，反之则佩戴在左侧。而且，胸针的上下位置应该在第一粒与第二粒纽扣之间平行的位置上。男士在正式场合佩戴胸针显得更庄重。

女士在胸针的佩戴方面可以随心所欲地发挥想象力、创造力，选择自己喜欢的佩戴方式，最传统的戴法是将胸针扣在外套的翻领上，也可以戴在衣服的正中做扣子、戴在翻领毛衣边、戴在衣服的口袋上、戴在帽子上、别在手袋上，等等。在穿正装时，可以选择大一些的胸针，材料也要好一些，色彩要纯正；穿衬衫或薄羊毛衫时，可以佩戴款式新颖别致、小巧玲珑的胸针。

第三节 仪态礼仪与审美

仪态礼仪是人的身体所呈现出来的各种姿态。仪态礼仪向人展示的是一种非文字语言，是用人体的动作、表情作为词汇来表达思想感情的语言符号，也被称为人体语言或肢体语言，这种肢体语言有时比有声的语言更富表现力。

在不同的场合，行为举止应有相对应的规范。一个训练有素的人，在与人交往中，会不知不觉地流露出其良好的教养和风度。这种行为举止都体现在一个人的一举一动、一颦一笑，以及站、立、坐、行之中，反映出一个人的内在品质、知识能力、文化修养，展示人类所独具魅力的形体。

生活中，美来自方方面面，优雅、大方、得体的举止行为是人体动态美和静态美的体现，温文尔雅、从容大方、彬彬有礼的体态语言已成为现代人追求的一种文明标志。一个人即使有出众的姿色、时髦的衣着，但如果没有得体的行为，在无意识中就已经破坏了自己的形象。因此，优雅得体的举止不仅能体现一个人的良好修养，而且在生活中更容易获得别人的尊重和信任。形体部分在信息传递中所起的作用远远高于语言本身，甚至高于语言和语音两者之和。礼貌的行为举止不仅是一种教养，而且是一笔无形的财富，它可以充分地表达出自己对交往对象的信任、友好、尊重与敬意。

一、站姿礼仪

站姿是人们日常生活中一种最基本的静态造型动作，是其他人体动态造型的基础和起点。正确优美的站姿能够衬托出美好的气质和风度，更能显示出一个人的自信、阳光，同时会给他人以挺拔笔直、舒展大方、精力充沛、积极向上的印象。

（一）标准站姿的基本要领

两脚跟靠拢，脚尖分开 45°～60°，身体重心放在两脚之间；两腿并拢收紧夹直，收臀收腹，挺胸立腰；双肩平正，双臂自然下垂，双手放于两侧；抬头，脖颈挺直，双目向前平视，嘴唇微闭，下颌微收，面带微笑。

正确优美的站姿，从身体的侧面观察，人的脊椎呈自然垂直的状态，身体重心应置于双足之间；双膝并拢，收腹收臀，挺胸立腰；双肩稍向后放平；梗颈收颌，抬头；双臂自然下垂置于身体两侧。头、后背、臀、脚跟在一条直线上。

（二）男女不同的站姿礼仪

由于性别方面的差异，男女的基本站姿也有所不同。对男子的要求是稳健、英武，透露出阳刚、潇洒之美；对女子的要求则是轻盈、娴静，透露出阴柔、典雅之美。男女站姿的不同，主要是手和脚的姿态有区别，其他与基本站姿的要领相同。

男子的手位：标准式、自然式（一只手握空心拳，另一只手握住腕部，搭放在体前）、腹式（两手互握，搭放在腹前，右手在上）、后握式（一手握空心拳，另一只手握住腕部，在后腰处搭放）。

女子的手位：标准式、自然式、腹式、脐式（两手互握，端在腰际前，左手在上）。

男子的脚位：标准式（"V"字形）、平行式。

女子的脚位：标准式（"V"字形）、"丁"字步式（分左、右）。

男子站立时，可采用平行式站立。双脚可分开与肩同宽，双手可自然式、可腹式、可后握式，其他部位的做法不变。

最能体现女性站姿优美典雅的姿态为身体微侧，呈自然的45°，斜对前方，面部朝向正前方。脚呈丁字步，即右（左）脚跟位于左（右）脚的中部足弓处，人体重心落于双脚间。双手可自然式、可腹式、可脐式，其他部位的做法不变。

（三）站姿礼仪的注意事项

无论男女，站立时要防止身体东倒西歪、重心不稳，更不得倚墙靠壁，一副无精打采的样子，或身体抖动、乱晃。另外，双手不可叉在腰间或环抱在胸前，不要低头含胸，显得很不自信。无论男性还是女性，都应尽量避免两只手插在裤袋里，这也是不雅观的仪态。但男子可以一只手插进裤袋，而女子穿职业装时，绝对不能将手放进口袋。

站姿并不能完全代表一个人的性情，但受过专业训练的人会改变自己的身体姿态，这至少能够说明站姿是一种重要的肢体语言，具有传情达意的作用。

二、坐姿礼仪

坐姿与站姿一样，都属于静态造型。端庄文雅、自然大方、稳重舒展的坐姿也能体现出一个人的静态美感。正确的坐姿是举止的主要内容之一，反映的信息也非常丰富。

（一）标准坐姿的基本要领

一般情况下，落座时应从座位的左侧入座。具体姿势是走到座位前，转身把右脚向后撤半步，轻稳坐到椅面前 2/3 处，两脚并拢，上体自然挺直，头正，表情亲切自然，目光柔和平视，嘴微闭，双肩平正放松，两臂自然弯曲放在膝上（男士可把双手分别搭放在同侧的大腿上，女士则应双手重叠互握，放在一侧的大腿上），掌心向下，两腿自然弯曲，两脚平落地面。

起立时，右脚先向后收半步，然后支撑起身体，从左侧离座撤出。整个过程动作要轻盈流畅，协调优雅。

如果女子穿裙装，在落座时，应顺势用一只手向下轻拢裙子的一侧，另一只手也要顺势轻抚前衣襟的下摆。

（二）常见的坐姿礼仪

1.双腿垂直式

双腿垂直式是基本的坐姿，适用于最正规的场合。基本要领：上身与大腿、大腿与小腿都需要呈直角，并使小腿与地面垂直。双膝、双脚包括双脚跟部，都要完全地并拢。此坐姿男女都适用。

2.垂腿开膝式

垂腿开膝式也是一种较为正规的坐姿。基本要领：上身与大腿、大腿与小腿均应呈直角，小腿也可以垂直地面。双膝可以少许分开，但不得超过肩宽。此坐姿多为男性采用。

3.双腿叠放式

双腿叠放式是一种十分优雅的坐姿。基本要领：两条大腿一上一下完全地交叠在一起，之间没有任何缝隙，犹如一条直线。双脚斜放于左一侧或右一侧，斜放双脚后的腿部需与地面呈45°左右的夹角，叠放在上的那只脚的脚尖应垂向地面。此坐姿适合穿短裙的女士。

4.双腿斜放式

双腿斜放式与双腿叠放式有着异曲同工之妙。基本要领：双腿先并拢，然后双脚向左侧或者右侧斜放。斜放之后，腿部应与地面呈45°左右的夹角。此坐姿适合穿短裙的女士在较低处就座时采用。

5.前伸后曲式

前伸后曲式亦极为优美。基本要领：先将大腿并拢，然后向前伸出一条腿，并且同时把另外一条腿收回后曲。两脚脚掌均应着地，并且二者前后要保持在一条直线上。此坐姿多为女士所采用。

6.大腿叠放式

大腿叠放式常用于非正式场合。基本要领：双腿在大腿部分叠放在一起。叠放之后，位于下方的那条腿的小腿应垂直于地面，并且脚掌着地；位于上方的那条腿的小腿则应向内收，其脚尖宜朝向地面。此坐姿仅适合男士。

7.双脚交叉式

双脚交叉式在各种场合均可使用。基本要领：先将双膝并拢，然后双脚在踝部进行交叉。应当注意的是，交叉以后，双脚既可以内收，也可以斜放，但是不宜朝着前方远远地直伸出去。此坐姿男女都适用。

8.双脚内收式

双脚内收式适用于普通场所。基本要领：首先并拢大腿，双膝可略微打开，两条小腿在稍许分开后可向内侧屈回，双脚脚掌则宜同时着地。此坐姿男女都适用。

（三）坐姿礼仪的注意事项

坐姿具有安详、雅致、大方、得体的特点，坐姿礼仪的注意事项，具体来说，包括以下几个方面的内容：

第一，入座和离座时，一般讲究左进左出。

第二，坐好后，头要正，身要直，手臂要放在适当的位置上。

第三，入座时，要轻柔和缓；起立时，要端庄稳重。不要弄出其他的动静。

第四，女子膝盖并拢，不能分开双膝。

第五，双手不要插在两腿之间或者压在大腿之下；双腿不要抖动；不可以一开始就全身靠在椅背上；不可以脚尖朝上或指向他人；双腿不要前伸，以免影响他人。落座时，不要刚坐下就坐满椅面；与人谈话时，身体要配合转向谈话人。

第六，女子可根据座位的高低来调整坐姿。低座位时，可以采用双腿斜放式。轻轻坐下，臀部后面距座椅背约2厘米，背部靠座椅靠背。如果穿的是高跟鞋，坐在低座位上，膝盖会高出腰部，应当并拢两腿，使膝盖平行靠紧，然后将膝盖偏向对话者，偏的角度应根据座位高低来定，但以大腿和上半身构成直角为标准。较高的座位时，可以采用双腿叠放式。上身仍然要正直，将左腿微向右倾，右大腿放在左大腿上，大小腿叠放在一起，脚尖朝向地面，切忌右脚尖朝天。不高不低的座位时，可以采用交叉式。两脚尽量向后左方，让大腿和上半身呈90°以上夹角，两膝并拢，再把右脚从左脚外侧伸出，使两脚外侧相靠，这样不但优雅，而且显得文静优美。

三、行姿礼仪

如果站姿和坐姿被称作人体的静态造型，那么步态则是人体的动态造型，它产生的是运动之美。

（一）标准行姿的基本要领

迈步前进时，重心应从足中移到足的前部；腰部以上至肩部应尽量减少动作，保持平稳；双臂靠近身体随步伐前后自然摆动；手指自然弯曲朝向身体；两眼平视前方，抬头梗脖；上体正直，收腹，挺胸直腰；身体重心落于足的中央，不可偏斜。

行走路线尽可能保持平直，步速均匀，步幅适中，两步的间距以自己一只脚的长度为宜。步速是指人在行走时的速度，一般与自己脉搏跳动的速度同步。

行走时，男性应表现出内心的自信与阳刚之美；女性则应动作轻盈稳健，以表现出女性的优雅。女性在穿裙装或者旗袍时，要走成一条直线，使裙子或者旗袍的下摆与脚的动作显示出和谐的韵律感。

（二）行姿礼仪的注意事项

行姿是最引人瞩目的体态语言，也最能显示出一个人的精神面貌和气质风度，优雅轻盈的行姿往往最能表现出人体的流动美和韵律美。行姿礼仪的注意事项，具体来说，包括以下几点：

第一，注意步幅、步速，走出优雅。

第二，注意重心平稳，身体协调。

第三，注意脚下鞋子，防止制造噪声。

第四，注意明确方向，走出直线。

出脚和落脚时，脚尖都应指向正前方。步伐较大且有弹力、双手用力摆动的人，通常比较自信、乐观、有目标；步伐拖沓且快慢不定的人，则比较犹豫、悲观、没有主见；走路时喜欢脚向后高踢，则是喜欢支配别人的人。女性走路时手臂摆得越高，说明精神越饱满、精力充沛；相反，走路不怎么摆动手臂的女性，大多正处于思绪混乱或者沮丧状态。

四、蹲姿礼仪

蹲姿是指人们由站姿或者行姿，转变成双腿弯曲，身体高度明显下降的一种姿态，也属于静态的体位。其实，在生活和工作中，使用蹲姿的场合不是很多，但因突发事件而必须采用这种临时性的姿势时，就更应该做到得体到位，把优雅体现在举手投足间。

（一）标准蹲姿的基本要领

下蹲时一脚在前，一脚在后，两腿向下蹲，前脚全着地，小腿基本垂直于地面，后脚脚跟提起，脚尖着地。女性应靠紧双腿，男性则可适度地将双腿分开。臀部向下，基本上以后腿支撑身体，即并膝沉腰。

蹲姿通常适用于整理工作环境、给予他人帮助、提供必要服务、捡拾地面物品、自我整理装扮等场合。

（二）常见的蹲姿礼仪

1.高低式蹲姿

高低式蹲姿平时最为多见。它是下蹲后双膝一高一低，双脚应一脚在前，一脚靠后。前脚应完全着地，小腿基本上垂直于地面；后脚则是脚尖着地，脚跟提起。后腿的膝部内侧抵于前小腿内侧，臀部应向下，基本上用后腿支撑身体。采用此式时，女性应并紧双腿，男性则可将双腿适度地分开。男性选用这种蹲姿，往往更加方便。

2.交叉式蹲姿

交叉式蹲姿主要适用于身穿短裙的女性在公共场合采用。在下蹲时，一脚在前，一脚在后；前小腿垂直于地面，全脚着地。前腿在上、后腿在下，二者交叉重叠。后腿的膝部从前腿的下方伸出来，后脚跟抬起，并以脚尖着地。两腿前后靠近，合力支撑身体。上身微向前倾，而臀部朝下。交叉式蹲姿的优点是造型优美典雅,缺点是操作难度较大。

3.半蹲式蹲姿

半蹲式蹲姿方便易行。在蹲下时,上身稍许下弯,但不宜与下肢构成直角或者锐角。臀部务必朝下方,而不应向上撅起。双膝可以微微弯曲,其角度可根据实际需要有所变化,身体的重心应放在一条腿上,双腿之间不宜过度地分开。

4.半跪式蹲姿

半跪式蹲姿是下蹲以后,一条腿单膝点地,以其脚尖着地,而臀部坐在脚跟之上;另外一条腿应当全脚着地,小腿垂直于地面。双膝必须同时向外,双腿则宜尽力靠拢。

(三)蹲姿礼仪的注意事项

蹲姿,看似简单,却有很深的内涵。蹲姿礼仪的注意事项,具体来说,包括以下几点:

第一,在行人较多的路段不要突然下蹲,蹲下时不要离人太近。

第二,在他人身边下蹲时,最好是侧身相向,正面或者背对他人下蹲,通常都是不礼貌的。

第三,女士无论采用哪种蹲姿,都要将腿靠紧,臀部向下。

第四,尽量不要蹲着休息。

五、手势礼仪

手势是人们在交往时必不可少的动作,是最具有表现力的肢体语言,是体态语中最重要的传播媒介。它指的是人在运用手臂时,所表现出的具体的动作和体位,可以辅助语言加重语气、增加感染力。在一般情况下,手势既可以处于静态的体位,也可以处于动态的体位。手的一个无意识动作会体现出心理状态、某种情绪，甚至隐私。

（一）标准手势的基本要领

规范的手势应当是手掌自然伸直，掌心向内向上大约呈45°角，手指并拢，拇指自然分开，手腕伸直，使手与小臂形成一条直线，肘关节自然弯曲，大小臂的弯曲角度以140°为宜。

在做手势的同时，要配合眼神、表情和其他的姿态，只有动作相互协调，才能使手势显得美观、大方、雅致。

（二）常见的手势礼仪

1.手持物品

手持物品的基本要求是稳妥、到位、卫生、自然。

手持物品时，可根据其物品具体重量、形状及易碎与否，采取不同的手势。既可以用双手，也可以只用一只手，最重要的是要确保物品的安全，尽量轻拿轻放，同时也要防止伤人伤己。需要注意的是在礼仪场合得到对方馈赠的物品，不能用一只手随便拎着，或是夹在腋下，而要双手捧持于胸前。

有不少物品，在需要手持时，应当将手置于一定的位置，这就是持物到位的含义。持物之时，还要注意卫生问题。为人拿取食品时，切忌直接下手。敬茶、斟酒、送汤、上菜时，千万不要把手指搭在杯、碗、碟、盘边沿，更不能使手指浸泡其中。手持物品时，可依据本人的能力与实际需要，酌情地用拿、捏、提、抓、夹等不同的姿势。不过一定要避免在持物时手势夸张，失去自然美。

2.展示物品

展示物品的基本要求是便于观看、手位正确、操作标准。展示物品时，一定要方便现场的观众对其进行观看。因此，要将被展示之物正面朝向对方并举至一定的高度，当四周皆有观众时，展示物品还需变换不同角度。

展示物品时，手位的共同之处是使物品在身体一侧展示，不宜挡住展示者头部。一般有三种手位：一是将物品举至高于双眼处；二是将物品举至双臂横伸处，自肩至肘处，其上不过眼部，下不过胸部，这种手位易给人以安定感；三是将物品举至胸部以下处，但这一手位显得不够大方。

展示物品时，无论是口头介绍还是动手操作，都应符合有关标准。口头介绍时，要口齿清晰，语速舒缓。动手操作时，则应手法干净、利索，速度适宜，经常进行必要的重复。

3.递接物品

递接物品的基本要求是用双手或右手进行，必须遵循安全、便利、尊重的原则。正确做法是身体前倾，双手把物品托到胸前，手腕略紧绷，处在便于对方拿、便于对方看的方向。比如，递送文件类物品要注意文字的方向。

4."请"的手势

"请"的手势，包含以下几方面的内容：

第一，"请进"手势。

迎接客人时，站立在一旁，手臂向外侧横向摆动，指尖指向引导或指示的方向，微笑友好地目视来宾，直到客人走过，再放下手臂。

第二，"请坐"手势。

接待客人入座时，用一只手摆动到腰位线上，使手和手臂向下形成一条斜线，表示请入座。

第三，"引导"手势。

为客人引路或在很多场合，经常需要用手势来做方向的指引，或者表达欢迎、感谢。在做方向指引的手势时，要把手指伸直并拢，手与前臂形成一条直线，肘关节自然弯曲，掌心向斜上方，手势的上界不要超过对方的视线，手的下界不要低于胸部，指引的方向要明确而肯定，应走在客人的左前方1~2步，小臂指引，不要摆来摆去给客人造成困惑。

正确的行进引导，应五指并拢、手心微斜、指出方向，要走在走廊一侧先于客人1~2步，让客人走在中央，与客人的步速保持一致，时时注意后面，在引导过程中要注意对客人进行危机提醒，比如在引导客人转弯的时候，需要再次打手势告诉客人，然后继续前行。如果指引者走在内侧应放慢速度，如走在外侧应加快速度。上下楼梯一定要先停下来说"这是某某楼"，然后再引导，最好让客人走在栏杆一侧，自己靠近墙壁。

在乘坐电梯或自动扶梯时，如果只有一位客人，应让客人先上下。如有两位以上客人，则要先说"不好意思"，然后进出电梯并按动开关。下梯时等客人都走出去再走。当然，在行进引导时，对于使用哪只手、站在哪一边，并不十分教条，视情形而定，以方便自然为主要目的。打手势时切忌五指张开或表现出软绵绵的无力感。

在开门、关门时，如果是手拉门，就用靠近把手的手去拉门，站在门旁，开门引导，自己最后进屋把门关上。如果是手推门，推开门说"不好意思，我先进去"，然后进屋，握住门后把手，招呼客人进来。这时身体的一半应露在门外，而不应仅从门后探出头来。

5.挥手道别

挥手道别，是与人互相道别时所采用的常规手势，主要有以下几方面的内容：

第一，要站直身体。

挥手道别时，尽量不要走动或乱跑，更不要使自己的身体晃来晃去。

第二，要目视对方。

挥手与人道别，无论手势多么标准，若是不看着道别的对象，就等于"目中无人"。

第三，要前伸手臂。

挥手道别时，可以仅用右手，也可以双手并用，但是一定要使手臂向上、向前伸出，并同时令指尖向上。不要让手臂伸得太低，或者过分弯曲。

第四，要掌心朝外。

在任何情况下，挥手道别时须令自己所挥动的手臂掌心向外，即面对道别的对象。这是尊重对方的一种具体表现。

第五，要左右挥动。

用一只手挥手道别时，应向左右两侧轻轻挥动。用双手挥手道别时，则应同时由外向内来回挥动。不要上下挥手，或是手臂僵直不动。

6.鼓掌

鼓掌是表示欢迎、祝贺、赞许、致谢等的礼貌举止。鼓掌的标准动作为左手在下，右手在上，四指并拢，拇指自然分开，手掌呈自然弧度，用右手手掌拍打左手手掌，左手托住右手，做迎合之用。鼓掌时，不宜戴手套。鼓掌要适可而止，不要"鼓倒掌"，那样是失礼的表现。

7.举手致意

举手致意多用于向他人表示问候、致敬或者感谢之意。它既可以悄然无声地进行，也可以伴以相关的言辞。向别人举手致意时，一般应当注意以下几点内容：

第一，面向对方。

举手致意时，一定要全身直立地面朝致意的对象，至少上身与头部要朝向对方。目视对方时，还须同时面含笑容。

第二，手臂上伸。

在致意之时，应将手臂自下而上地向侧上方伸出，手臂可以伸直，亦可略有弯曲。

第三，掌心向外。

举起手臂时，务必要掌心向外，指尖向上，千万不要叉开手指、握拳或者手背向外。

第四，摆动有方。

举手致意，最好使用右臂。在具体过程中，理当使之自下而上地轻缓伸起，切不可由上而下或者从左向右地来回摆动。

（三）手势礼仪的注意事项

手势的含义非常丰富，表达的感情也微妙复杂，在行使手势礼仪的时候，要注意以下几点内容：

第一，手势不宜过多，动作幅度不宜过大。

在运用手势时，切忌"指手画脚"和"手舞足蹈"，这样会给人烦躁不安、心神不定的感觉，甚至让人产生轻佻的感觉。

第二，用手示意，不可用手指指点。

交往中指示方向或指人，不要用手指指点，要用全手示意。用手指指点他人的手势是不礼貌的。

第三，注意区域性差异。

有些手势在使用时应注意区域和各国不同习惯，不可以乱用。由于各地习俗不同，相同的手势表达的意思不仅有所不同，甚至有的大相径庭。比如，中国人认为竖起大拇指，是表示称赞、夸奖，但在其他国家就不一定是这个意思了。

每种文化都有自己的"手势语言"，千姿百态的手势语言包含着人类无比丰富的情感。因此，在参加社交场合时，要根据不同国家的风俗习惯选择合适的手势，以免发生不必要的误会。

六、空间距离礼仪

在交际过程中，要有距离的概念，只有选择了适当的空间距离，才能够有效进行人际交往，协调好各种关系，以推动交际活动的顺利进行。在社交活动中，人与人之间保持的距离有特定的含义。

（一）亲密距离

亲密距离是人际交往中最小间隔或几无间隔，即"亲密无间"，其范围在

15厘米以内，彼此间可能肌肤接触，耳鬓厮磨，以至于相互能感觉到对方的体温、气味和气息。范围在15厘米～44厘米（距离小于50厘米），身体上的接触可能表现为挽臂执手，或促膝谈心，仍体现出亲密友好的人际关系。就交往情境而言，亲密距离属于私下情境，只限于在情感上联系高度密切的人之间使用。在社交场合中，大庭广众之下，如果两个人（尤其是异性）如此贴近，就不太雅观。

亲密距离是人际交往中最为重要也最为敏感的距离，每个人都必须谨慎地把握这个距离。

（二）个人距离

个人距离是人际间隔上稍有分寸感的距离，有较少直接的身体接触。个人距离的近范围为46厘米～76厘米，正好能相互亲切握手，友好交谈。这是与熟人交往的空间。陌生人进入这个空间会造成对别人的侵犯。个人距离的远范围为76厘米～122厘米。任何朋友和熟人都可以自由地进入这个空间，不过在通常情况下，较为融洽的熟人之间交往时保持的距离，更靠近远范围的近距离，即76厘米一端，而陌生人之间谈话则更靠近远范围的远距离，即122厘米一端。

人际交往中，亲密距离与个人距离通常都是在非正式社交情境中使用，在正式社交场合则使用社交距离。

（三）社交距离

社交距离已超出了亲密或熟人的人际关系，而是体现出一种社交性或礼节性的较正式的关系。

社交距离的近范围为120厘米～210厘米，一般在工作环境和社交聚会上，人们都保持这种程度的距离。

社交距离的远范围为210厘米～370厘米，表现为一种更加正式交往的关系。例如：公司的领导常用一个大而宽阔的办公桌，将来访者的座位放在离桌子有一段距离的地方，这样与来访者谈话时就能保持一定的距离；企业之间的谈判、工作招聘时的面谈、教授和大学生的论文答辩等，往往都要隔一张桌子或保持一定距离，这样就增加了一种庄重的气氛。

可见，不同的情境、不同的关系需要有不同的人际距离。距离与情境和关系不相对应，人们会明显出现心理不适感。

（四）公众距离

公众距离是公开演说时演说者与听众所保持的距离。公众距离的近范围为370厘米～760厘米，远范围在760厘米以上。这是一个几乎能容纳一切人的"门户开放"的空间，人们完全可以对处于空间的其他人"视而不见"，不予交往，因为相互未必发生一定联系。因此，这个空间的交往，大多是当众演讲。当演讲者试图与一个特定的听众谈话时，他必须走下讲台，使两个人的距离缩短为个人距离或社交距离，才能够实现有效沟通。

从这四种分法可以看出，人们在不同的活动范围中因关系的亲密程度而有着或保持着不同的距离。当然，性别、地位、性格、年龄、情绪等其他因素也会影响人际交往的空间距离。

七、表情礼仪

人们交流的方式多种多样，面部表情是一种十分重要的非语言交际手段。它是人的内心情绪、情感的流露，人的喜、怒、哀、乐等都可通过表情来体现和反映。在交流过程中，应设身处地地站在说话者的角度，用适当的表情表现理解与专注，形成一定的交流呼应。

表情是指通过人面部神态的变化所反映出来的内心思想感情。表情的变化，意味着思想感情有波动。丰富的表情可以表达出人的不同情绪，虽然无声，却比有声的语言更让人心领神会。在人的五官千变万化的表情中，眼神和微笑最具有传达力和表现力。

（一）眼神礼仪

在五官中，眼睛的传达力和表现力是最强的，虽然微笑也有很强的感染力，但是它表达信息却相对单一，而眼神则可以传达出欣喜、关注、厌恶或是不安等多种情绪。在情感的表现和信息的交流中，眼神的表达能力是语言和手势所不能替代的。

1.眼神礼仪的基本要领

人际交往中，眼神的表达深奥而微妙。得体的眼神表达至少应该注意以下几方面的内容：

（1）时间

在人际交往中，把握视线接触的长度，也就是目光接触时间的长短，是十分重要的。在交谈中，听的一方通常应多注视说的一方。

若对对方表示友好，则注视对方的时间应占全部相处时间的 1/3 左右。如果一位长辈与晚辈谈话，能够多一些目光的接触，那么将对年轻人起到很大的鼓励作用。

若对对方表示关注，比如听报告、请教问题时，则注视对方的时间应占全部相处时间的 2/3 左右。目光长时间的接触和交流是对对方最大的支持与肯定，同样对方会受到良好情绪的感染。若目光经常游离，注视对方的时间占不到相处全部时间的 1/3，往往意味着没有兴趣。

若注视对方的时间超过全部相处时间的 2/3，往往表示可能对对方抱有敌意，或是为了寻衅滋事；注视对方的时间超过全部相处时间的 2/3，有时还意味着对对方产生了兴趣。

（2）角度

注视他人时，要注意视线接触的角度，也就是目光的方向。眼神能很好地表达出对他人的尊重。一般来说仰视表示尊重、敬畏，适用于面对尊长；俯视通常用于身居高处时，既可表示对晚辈的宽容、怜爱，也可表示对他人的轻慢、歧视；平视适用于在普通场合与身份、地位平等的人进行交往时。

因此，与人交往时尽量不要站在高处自上而下地俯视他人。在面对长辈、上司和贵宾时，站立或就座应选择较低处，自下而上地仰视对方，往往会赢得对方的好感。当对方缄默不语时，就不要看着对方，以免加剧因无话题本来就显得冷漠、不安的尴尬局面。

（3）部位

在人际交往中目光所及之处，就是注视的部位，要懂得控制视线接触的位置。注视他人部位的不同，不仅说明自己的态度不同，也说明双方关系有所不同。注视的常规部位包括以下几个方面的内容：

第一，双眼。注视对方双眼，表示自己聚精会神，一心一意，重视对方，但时间不宜过久，这属于关注型注视。一般来说，在初次相见或最初会面的短暂时间，应注视对方的眼睛。

第二，额头。注视对方额头，表示严肃、认真、公事公办，这属于公务型注视，适用于极为正规的公务活动。

第三，眼睛至唇部。眼睛至唇部是社交场合面对交往对象时常规注视的部位，注视这一区域属于社交型注视。

第四，眼部至胸部。注视眼部至胸部这一区域，表示亲近、友善，多用于关系密切的男女，这属于亲密型注视。

如果交谈的时间较长，可以将目光迂回在可注视的区域之间，或是随着对方的手势而移动视线。

（4）方式

常规的注视他人的方式有直视、凝视、盯视、虚视、扫视、藐视、眯视、环视、漠视、俯视、无视等。

（5）变化

在人际关系中，要善用目光的变化。一般和对方目光接触的时间，应是与对方相处的总时间的1/3，每次注视对方的眼睛不超过3秒，这样对方会感觉比较自然。在向交往对象问候、致意和道别的时候都应面带微笑，用柔和的目光去注视对方，以示尊敬和礼貌。如果注视时目光不柔和，不是单纯地注视，会让人感觉不友善,也不能从脚底看到头顶,反复打量对方,即便对方的穿着有不得体的地方,也应该使目光变化尽量不着痕迹。

眼神是一种独特的语汇,它能如阳光般让对方的心情豁然开朗,也能像阴霾般让对方的情绪瞬时阴暗。因此,注意用好自己的眼神,这会成为人际交往中极好的润滑剂。

2.眼神礼仪的注意事项

第一,在一般情况下,与他人相处时,不宜注视其头顶、大腿、脚部与手部,或是"目中无人"。

第二,在近距离的空间,避免与人目光对视,如在电梯、地铁等场所。

第三,目光接触的时间保持适中,不要生硬地一直盯着对方,通常这样的目光是审视的、挑剔的、刁难的意思。如果长时间盯着对方的某个部位看,可能还会造成误解,使对方以为自己身上有什么不妥当的地方,无端给对方造成压力。

第四,长时间回避对方目光而左顾右盼,是不感兴趣的表现。

第五,一旦被别人注视而将视线突然移开的人,大多自卑,有相形见绌的感觉。

第六,当对方说了错误的话正在拘谨害羞时,不要马上转移自己的视线,而要用亲切、柔和、理解的目光继续看着对方。

第七,不要戴着墨镜或变色镜与人交谈。这样无法进行目光交流,而且还给人以居高临下之感,很容易与对方产生隔阂,引发不悦。

总之,与人交谈时,应当不断地通过各种目光与对方交流,调整交谈的气氛。

(二)微笑礼仪

微笑同眼神一样是一种无声的语言,同样可以传情达意,它是愉快感情的心灵外露,是善良、美好、赞美的象征。在人际交往中,真诚的微笑可以打开他人的心扉,化解矛盾,可以得到他人的理解和尊重,它如一缕春风抚慰人的心田，滋润世间万物，是全世界的"通用语"，是人间的润滑剂。微笑的表情之所以动人，之所以令人愉快，不仅因为这种表情在外观上给人美感，还因为这种表情所传递、所表达的令人愉悦的信息和美好的感情。

微笑是世界的共通语言，就算语言不通，一个微笑就能带给彼此一种会心的感觉，常规状态下微笑的表情会给自己的形象加分。

微笑礼仪在社交中的作用展现在以下几个方面：

第一，能给对方良好的第一印象。

真诚亲切的微笑象征着一个人的友善，给人的第一印象是善意的，能给人带来温暖、舒适的感觉，能有效地弥补人与人之间的心理距离，会给对方留下美好的心理感受。

第二，微笑会使赞美更具分量。

微笑可以提升赞美的力度，真诚的赞美加上发自内心的诚挚的微笑是一种令人无法抗拒的心理武器，能使对方迅速产生由衷的好感与敬意。例如，对孩子来说，微笑的夸奖是最佳的鼓励，可以让其提高学习效率；对员工来说，微笑的赞美是最佳的促进，可以让其提高工作效率。

第三，有利于迅速打破僵局，消除对方的戒备心理。

人际交往的障碍之一就是戒备心理，尤其是在一些重要、特殊的交际场合，人们的心理防线构筑得更加牢固，非常怕由于出言不慎带来麻烦，于是有的人干脆不开口，或者尽量少说话，这就使沟通出现障碍，在很多交际场合会出现僵局。在这种情况下，微笑可以作为主动交往的敲门砖，一个温暖的表情会让对方的心门打开，化解双方的心理防线，相互产生信任和好感，随之进入正常交往状态。

人们可以用微笑展示诚意，用微笑缩短与对方的心理距离，用微笑为沟通和交往营造出和谐的氛围。

第四，充分表现出对他人赞许、谅解、理解的态度。

微笑是人际交往的润滑剂，是消除芥蒂、化解矛盾、排遣紧张、缓解压力、慰藉他人、友善待人的有效方式。比如，在交谈过程中，用微笑、点头的方式，表示对对方意见的赞许。在许多情况下,微笑的作用确实是千言万语无法取代的。

　　"笑脸"和"笑的脸"在内心的感觉是不一样的。从内心发出来的笑脸也是"从内心接受对方"的表情,它的本质是内心的善良、宽厚、真诚,这种发自内心的微笑,才能让人感受到温暖和尊重。而"笑的脸"是心中不以为意,而又不得不笑的脸,这种作为"道具"的微笑,没有任何实质意义。所以说,要给人一张"笑脸",必须将"心"融入其中。

第六章 当代大学生礼仪素养的培育路径

礼仪是人类文明的重要标志，国民的礼仪素养也是衡量一个国家、一个民族发展水平的重要依据。大学生作为社会发展的未来力量，必须具备良好的综合素质，礼仪素养则是综合素质中非常重要的一项内容。本章主要从强化高校礼仪培育理念、营造大学生礼仪素养的校园文化氛围、凸显大学生个体自我内化、大学生礼仪教育与思想政治教育的融合四个方面探索大学生礼仪素养的培育路径。

第一节 强化高校礼仪培育理念

大部分大学生拥有一颗善良和尊重的心，只是在他们的知识体系中缺乏一种有效的表达方式（无论是语言表达还是行为表达），因此高校应强化礼仪培育理念，为当代大学生礼仪素养培育打好思想基础。

一、增设高校礼仪的课程内容

（一）根据礼仪类型设置相应课程内容

第一，学校礼仪侧重的内容是师生礼仪、课堂礼仪、校内活动礼仪等，主要是为了帮助大学生在校园生活中更高效率地学习和积累活动经验，赢得教师和同学的信赖和认可。

第二，职场礼仪侧重的内容是求职简历的编辑、求职单位相关知识的准备，以及求职着装、言谈举止等内容。做万全准备是对求职单位和面试官的尊敬和重视，可以给对方留下不错的印象。

第三，生活礼仪侧重的内容则是涵盖日常交往、与长辈和晚辈交往的礼仪内容。

第四，政治礼仪侧重的内容则是教导大学生当面对国际政治交往时，言谈举止务必要区别于日常的私人交往。此时代表的不仅是个人，而且是一个国家和民族的形象，一言一行务必要彰显大国风范。

礼仪的细化分类就是为满足不同场合、不同行为的需要，因此内容设置上应考虑不同类型礼仪的特征和适用范围，在课程开设上应尽量考虑不同年级学生的礼仪需求，并进行分层教学。

（二）高校礼仪培育内容应汲取传统礼仪的养分

中华优秀传统礼仪文化博大精深、源远流长。当代，党和国家日益重视对优秀传统礼仪文化及其伦理思想的宣传和教育，这是使民族文化保有生命力的必然要求，也是建设中国特色社会主义文化的必然选择。有选择性地继承传统礼仪既是提高社会文明程度的需要，也是构建和谐社会的需要。传统礼仪文化仍然是人们最本真的精神家园，细细品味其中的"仁爱""敬人""适度"等原则，依旧适用于当代的人际交往。当代大学生作为中国特色社会主义事业的接班人，不应忘本，越是在浮躁的风气之下，越是要静下心来，返璞归真，仔细探寻传统文化中的真与美。

（三）高校礼仪培育内容应持有国际视野，与时俱进

科学技术的发展使世界联系日益紧密，人们交流效率提高，但世界各地的文化风俗有所差异，为避免尴尬和误会，保证交往过程愉悦，礼仪行为在此时

显得十分重要，甚至可以成为免于翻译的"世界通用语"。高校应跟随时代发展的脚步，给大学生传授各国优秀礼仪文化，如英国的"绅士""淑女"礼仪，讲解不同国家、民族、地区的爱好和礼仪禁忌；如日本不喜欢紫色，认为其是悲伤的色调，同时也忌讳绿色，认为其象征着不祥。大学生掌握各国优秀礼仪文化，才能在各种交往环境中的礼仪行为上切换自如，如鱼得水。

（四）高校礼仪培育应与心理健康教育相结合

由于社会的复杂性，当代大学生面临着前所未有的压力，礼仪教育正是通过传授文明礼仪规范和指导实用技巧，从多方面加强大学生的心理素质，因此将礼仪教育和心理健康教育相结合，更能发挥"1+1＞2"的效果。在实际操作时，可以通过平日与大学生的交谈，结合大学生亲身经历的困难和问题，教会他们在遇到困难时要保持头脑冷静，学会控制情绪；或者教会他们如何在尊重彼此的前提下发展一段令双方都满意、舒适的交往关系。两者作用的发挥一定要有针对性，目的是让大学生在学习专业技能的同时，提升自身心理素质，学会自我开导和合理发泄，锻炼他们的抗挫能力，从而成为一个坚韧不拔、适应能力强的优秀青年。

二、拓宽高校礼仪的培育渠道

我国古人非常高明之处在于，教育的方式不是空洞的说教，那样既生硬，又易引起反感，而是采取大众喜闻乐见的形式，即寓教于礼和乐。礼乐能够生动地感化心灵。因此，拓宽礼仪培育渠道势在必行。具体来说，包括以下几个方面的内容：

第一，在礼仪课程形式设计上，从选修向必修转变。

以往诸多高校都倾向于将礼仪课程设置为选修课程，不做硬性规定，这样选课的结果通常不尽如人意。因此，学校首先应开设相关礼仪必修课，根据时代要求，结合高校办学地域等特色，针对不同专业、不同年级设置具有特色的礼仪必修课，将大学生的礼仪素养培育同专业能力放在同等重要的位置。必要时，也可结合大学生的兴趣，开设附加的选修课，拓宽大学生的礼仪知识面。学校应对礼仪素养的培育予以足够的重视，如进行严格的考核等。

第二，在授课方式选择上可以多样化。

教师在课程教授过程中，除了从正面讲解相关礼仪知识，还可以举反面例子，让大学生从实际案例中感受到，不文明行为会给个人和社会带来哪些不利影响，从而产生自律意识和礼仪意识；还可以采取"情感教学法"等新颖教学方式，通过感性的案例，激发、调动大学生的情感需要，引起共鸣，从而促进礼仪知识教学活动的顺利进行；还可以通过设置相关情境，让学生模拟礼仪行为的运用，用实践得出真知。

第三，在专业课程指导的基础上，要创新大学生礼仪实践形式。

在校内实践方面，可以组织开展以礼仪为主题的知识竞赛、辩论赛、演讲比赛、舞台演出等活动，让大学生在轻松友好的氛围中接受礼仪知识；也可以定期开展大学生行为自查活动，评选出校内文明和不文明的现象，让大学生在参与过程中产生自我检查、互相监督的习惯。

在校外实践方面，可以与社会机构合作，推荐大学生去社会机构实习，在实习过程中逐渐体悟责任心的内涵和礼仪的运用。

第四，充分利用校园媒体。

利用学校开办的广播、校刊、校报、电视栏目、微博、微信公众号等文化载体，定期推送一些礼仪节目，制作礼仪专栏，传播礼仪知识，渲染礼仪氛围，为大学生提供正确的价值导向，推动校园文化的建设和发展。

三、发挥高校礼仪的榜样力量

当代大学生的年龄基本上处于18～25周岁，这一时期的他们虽然已成年，但心理尚不成熟，辨别是非的能力尚未到位，变化可能性大，但可塑性强。大学生普遍缺乏社会实践经验，在面对社会上多元价值取向的冲击时往往感到慌乱、不知所措。因此，大学生需要高校教师的正确引导。榜样教育能够起到引导、示范和激励的作用，方便大学生从他们的身上领悟积极健康的道德准则和行为规范。发挥榜样力量提升大学生礼仪素养，主要有以下两个方面的内容：

第一，发现身边同学中的礼仪榜样。通过评选、宣传等方式，选出学生心中公认的"礼仪标兵"，再对其相关事迹和精神进行宣传。这种方式可以促使其他学生对榜样的模范行为或相关事迹从被动接受阶段上升到主动模仿阶段。但要注意的是，榜样教育要避免流于形式，不能满足于事迹的简单表述和说教式的口号发动，要充分挖掘其精神内涵，实事求是进行宣传，切忌夸大。

第二，塑造高校教师的良好礼仪形象。教师应以身立范，为学生在各个方面树立榜样。学生除和身边同学接触较多外，就是与在校教师的接触较多，因此教师的言传身教也是一项重要的工作。学校应重视对所有教师的礼仪培训，并培养出一批具有专业礼仪素养的教师，他们在品格上光明磊落、淡泊名利、自尊自律，这能对大学生提升礼仪素养产生积极的影响。教学中，教师良好的师德、师风能为学生树立楷模。教师只有注重强化自身礼仪素养，做到一言一行都符合礼仪规范，才会让大学生心生敬畏、自觉效仿。

四、完善高校礼仪的管理制度

加强对当代大学生礼仪素养的培育，同样离不开礼仪管理制度的保障。

高校要制定明确的大学生礼仪行为准则。虽然近年来关于"大学生礼仪规范"的书籍越来越多，但明确将大学生礼仪行为要求纳入规章管理制度的高校并不多。形成明确的大学生礼仪行为准则对于每一所高校而言都是很有必要的。高校可以从大学生学习和生活的多方面制定相应具体的礼仪准则，将管理制度落实到日常生活，如成立文明礼仪督查队等，监督大学生文明礼仪的落实，使规章制度的约束力不再是纸上谈兵。

在校规校纪中，除了加入具体的礼仪规范，也要加入奖惩机制，并将学生的礼仪素养考核纳入学年综合测评的标准。因为有的大学生认为，礼仪践行主要依靠自觉，所以即使做出不文明、不诚信的举动也不会受到很重的处罚，最多受到短时间的舆论谴责。如果将学生的礼仪素养考核纳入学年综合测评的标准，能让大学生的礼仪行为有具体指导，让部分觉悟不高的大学生受到约束和限制，敦促其在日常生活和学习中逐渐养成良好礼仪习惯。

高校要培养出具有专业礼仪素养的教师队伍，可以考虑在规章制度中加入对教师培训机制的要求，规定教师礼仪培训开展的定期性、专业性和严格性，以此来规范礼仪培训过程，帮助提升教师队伍的整体素养，真正树立优秀的师德榜样。

第二节 营造校园礼仪文化氛围

高校是理论研究创新和文化传播的重要载体，高校文化是区别于其他组织或企业的关键点，是高校灵魂所在。想要有效提升当代大学生的礼仪素养，就离不开良好的校园礼仪文化氛围。

一、开展校园礼仪活动

礼仪课程对于大学生来说是枯燥单一的，那么丰富多彩的礼仪活动一定能引起大学生的好奇心和积极性。

首先，可以举办各种主题的礼仪风采展示大赛。高校可以举办综合性的礼仪风采展示大赛，也可以凭借自身专业办学特色和所处的地域文化特色，举办独一无二的礼仪风采展示大赛。近年来，全国许多高校逐渐重视礼仪文化的继承和传播，纷纷举办了多种形式、多种主题的礼仪风采展示大赛。这种形式借比赛之名，既可以让许多大学生有机会站在舞台上展现自身阳光进取、活力睿智、健康文明的形象，又可以让其他大学生在轻松美好的大赛氛围中直接观赏文明礼仪的美，从而达到弘扬中华民族优秀的传统礼仪文化、提升大学生礼仪素养的目的。

其次，可以举办各种主题的礼仪知识竞赛、演讲比赛和辩论赛，让大学生在乐趣中感受多彩的礼仪文化，引起大学生对礼仪知识的思考，从而提高对礼仪文化的认知水平。

最后，可以成立相关社团、协会，吸引志同道合的大学生加入，共同组织开展礼仪活动，以提高大学生社交礼仪能力为宗旨，力求让每个成员真正获得实用的知识；还可以利用特定节假日、特定时期开展礼仪活动，弘扬民族之礼。

总而言之，每一所高校都应该致力于打造自己的校园礼仪文化品牌，让师生在丰富多彩的校园礼仪活动中挑战自我、挖掘潜力、培养兴趣爱好，从而提升自己的礼仪素养，提振自己的精气神。

二、增设校园学术讲座

学术讲座作为高校常见的学术活动，目的在于传播知识、增加大学生的知识积累、拓宽大学生的眼界、开拓大学生的思维。学术讲座相较于传统课程而言，具有形式更加丰富、内容精练浓缩的特点。传统课程时间固定且有限，教学内容较多，而学术讲座都是邀请来自各领域的专家或教授进行宣讲，通过生动有趣的形式，将知识点精简凝练，可以让大学生了解各领域的一些发展动态，帮助大学生拓宽知识面。学术讲座除了能够传播知识，更重要的是能够为大学生提供一个与专家近距离接触互动的平台，促成情感交流。受邀的专家或教授除了知识面广，还有丰富的人生阅历、人生感悟，这些都可以拿出来与大学生分享，为大学生带来心灵上的洗礼。

高校在对大学生进行礼仪素养培育方面，可以通过开展与礼仪相关的学术讲座，丰富大学生礼仪知识。因为礼仪素养的提升在于自身对礼仪的认同、对他人的尊敬，重视真情实感的表达。所以，礼仪讲座要注重受邀的专家或讲座教授的人格魅力，其举手投足间的优雅能给大学生最直观的引导；要注重礼仪情感的表达，要让大学生从心底里认同礼仪的价值指向和重要性，从而引导他们树立正确的礼仪观，自觉践行礼仪，提高礼仪素养。

三、网络媒介平台引导

网络媒介的发展拓宽了高校教育的渠道，高校可以利用网络媒介的方便快捷、不受时空限制、轻松活泼、生动有趣等特点，充分发挥网络媒介的主导作用，构建互动平台，形成网络礼仪氛围，增强大学生礼仪素养培育的有效性。

首先，可以通过微博、微信公众号、抖音、小红书等平台，建立礼仪热点专栏，及时发布上到国家政治，下到平常生活的礼仪事件，也要及时公布国家、其他学校的相关道德法规，还可以制作并播放有关礼仪方面的情感饱满、真挚的公益广告、榜样故事、纪录片，提高大学生的礼仪意识，给予大学生正确的引导，让大学生时刻感受到礼仪的教化，提升其明辨真假礼仪的能力，督促其自觉自律地树立正确的礼仪观。

其次，可以通过网络平台发布礼仪网课、礼仪小视频。以抖音平台为例，抖音内容由短视频构成，时长大多数为两分钟左右，在视频时间有限的情况下，要想做到礼仪知识的全面传播和礼仪情感的全部表达几乎是不太可能的。因此，要删去一切可有可无的东西，内容应直击重点，直达高潮，要让大学生感到回味无穷，简洁的重点内容比冗长沉稳的知识讲解更能吸引学生。网络媒介本就具有活泼的特点，如果经过网络媒介发布的礼仪课程干涩死板，就会失去了网课的意义。因此，利用网络媒介传播知识要注意变严肃为幽默，这不仅考验教师的才华，也考验剪辑者的机智与幽默。同时，如果某个网络平台以短视频为主，可以考虑将单个视频系列化，这样既可以做到每个视频相对独立，又可以连起来做一个整体，实现以点成线，以线成面。

最后，还可以专门制作论坛并注册账号用以与大学生线上互动，开展一系列以社会主义核心价值观为核心的教育活动，开辟网络礼仪素养培育的主阵地。但是要注意网络是把"双刃剑",应健全网络平台管理机制,加强对网络秩序的监管,防止戾气借助网络快速蔓延。

校园文化氛围的熏陶作用是不能代替的,只有当校园内形成一种共同的礼仪规范,才能对大学生产生约束。只有当文明知礼内化为每位大学生的习惯,校园、社会才会健康有序地发展。

第三节 凸显大学生个体自我内化

教育这个概念,在广义上就是对集体教育和对个人教育的统一,而在个人的教育中,自我教育是起主导作用的方法之一。教育不仅是他人的事,还是自己的事,大学生只有坚持自身在教育中的主体性,时常做好自我教育,重视主体自觉自愿,实现礼仪知识的自我内化,才能使礼仪教育效果从根本上得到体现。

一、提高大学生对礼仪规范的认知与对礼仪行为的思考

（一）提高大学生对礼仪规范的认知

一方面,大学生要对礼仪素养的重要作用形成正确认识,良好的礼仪素养不仅是个体获得良好人际关系、取得成功的桥梁,而且对促进社会文明、和谐发展有着举足轻重的作用。

另一方面,大学生要认真学习规范的礼仪知识,针对当代大学生礼仪知识方面欠缺的问题,礼仪知识的学习主要包括两方面的内容:

首先，加强对传统礼仪文化知识的学习。传统礼仪文化中的精髓自然是保留在古代典籍之中，大学生可以通过研习礼仪经典著作，接受圣贤义理的熏陶，让礼仪知识随着时间的延伸绵密持久地渗透到个人气质中。

其次，大学生还可以参加国内外有关礼仪文化的学术交流会，大学生在学术交流会上可以同许多专业人士和志同道合的朋友进行思想碰撞，这对完善自身礼仪知识体系、传播中华优秀传统礼仪文化是十分有帮助的。部分大学生对具体场合适用的礼仪规范不了解，因此大学生还可以多阅读相关书籍，参加相关培训，并持之以恒地练习，最终熟练掌握礼仪的具体使用。

（二）加强大学生对礼仪行为的思考

学习知识固然是提高认知的重要步骤，但如果在学习过程中缺乏独立思考、缺乏严谨思辨的能力，也会影响知识的吸收效果。大学生在学习礼仪规范的过程中，要接触来自国内外不同时代的礼仪规范，在学习中华传统礼仪和借鉴西方礼仪的同时，要发挥主观能动性，对其进行自觉辨析，不能武断地认为过去的就是无用的，或是因畏惧而否定外来礼仪，要以马克思主义辩证法为科学指导，运用批判思维，结合时代精神去吸收与学习。

此外，大学生对礼仪行为的审度也包括对自我主体礼仪行为的反思，即自省。古往今来，人无完人，但人们可以通过对照他人优点进行自我反省，使自己成为一个更加完美的人。大学生社会经验不足，因此更需要树立榜样，让大学生向礼仪圣贤学习，不断地回顾、检查自身礼仪行为；也可以通过摘抄含有正确价值观的人生格言，并张贴在醒目地方等方式，时刻提醒自己，保持本心，不被外界的虚假繁荣和浮躁风气蒙蔽，不随波逐流，正确看待名与利、得与失、成与败，努力克服弱点与缺点，成为一个全面发展的社会主义优秀青年。

二、倡导大学生尊重情感与礼仪自觉

在礼仪培育过程中，情感是由知到行的桥梁，也是礼仪自觉产生的催化剂。

虽然礼仪知识的掌握可以在短期内完成，但若缺少真情实感，就无法将礼仪尽善尽美地表达出来，剩下的礼仪形式就成了没有灵魂的躯壳，失去了意义。礼仪的本质就是尊重，对他人抱有诚敬之心，不因身份、工作、社会地位的不同而产生优待或歧视，平等待人。因此陶冶礼仪情感就是让大学生主体产生一种尊重他人的真挚意愿，能够时刻为他人着想，对身边的人始终抱着热情、友好、真诚的态度去交往。

儒家倡导以"孝"为先，以尊爱自己的父母为起点，再推及其他人，最后达到爱民族、爱国家的境界，这种方式顺应了人类道德情感的演变规律，更容易为人们所接受。

大学生首先应该在与父母的沟通和相处上倾注耐心、多花时间，可以通过关心体察父母平日的操劳来逐渐理解父母，也可以通过敞开心扉沟通的方式交换彼此的观点，从而了解父母的所思所想。父母为子女操劳是一辈子的恩情，大学生只有愿意花心思理解这一点，能够逐渐学会换位思考，才能在今后的相处中由衷地孝敬父母、尊重父母，并自觉从"小家"推到"大家"，将这种尊重推及其他人身上，对他人保持诚敬之心，达到礼仪自觉。

大学生不仅仅是在对待他人时需要培养尊重的情感，面对自我时也要做到自尊自爱。自我尊重的很多关键要素，其中之一就是自我认同感，即明确自身定位，弄懂"我是谁"这个问题。大学生应该认识到自己是接受过高等教育的知识青年，道德境界应当符合身份要求，不能做出与社会主义精神文化相违背的行为，给他人或社会造成困扰。在任何情况下，大学生都不能随意放弃自己的原则，忽视个人尊严，在国家利益面前更要坚守政治底线，个人在遭遇不文明对待后，也要及时制止，表明自己坚定的观点和立场，不能逆来顺受，任其发展。自尊自爱，才能更好地被人尊重和爱护。

三、强化大学生礼仪意识与礼仪实践

（一）锻炼礼仪意识

若要使外在的礼仪规范知识成为自觉的行为，缺乏坚韧不拔的意志是无法完成的。礼仪意识的锻炼主要体现在以下两个方面：

1.自律

自律就是能够在没有他人督促和管理，面对多种道德选择的前提下，特别是在不顺利的情境下，仍能做到不畏困难、始终不渝地按照道德原则待人接物，自我约束言行。约束言行不应出于勉强，而是需要发自内心，把外部规定的道德要求积极主动地转变为自我内在的行为。大学德育的目的之一是提升学生的自律能力。往往一个人独处时的细微表现才最能反映真实的品质和素养，部分大学生在教师或家长面前能够表现出较好的礼仪素养，但是当他们脱离管制，来到一个陌生环境，或者进入网络世界时，可能会产生一些不文明的行为。

在浮躁之风的负面影响下，做到慎独是较为困难的。如果要真正成为一个讲文明、讲礼仪的人，就必须提升自我内在修养，从自身做起，严于律己，谨言慎行。大学生可以以宿舍或班级为单位，互相监督、互相鼓励。同时，也应该做到理性思考，做到抵制住不良诱惑，自觉遵守社会礼仪道德，摆正审美观念，追求现实生活和网络上的真、善、美。

2.坚持

礼仪行为的自我修养并非一朝一夕就能完成，但是一个动作、一种行为经过多次重复后就能进入人的潜意识，成为习惯性动作。因此，大学生还应做到坚持，逐渐养成习惯，促进礼仪的自觉发展。

（二）强化礼仪实践

大学生的主体自觉包括认识自觉和实践自觉两个方面。对大学生进行礼仪素养培育本质上也是一个教化的过程，教化分为两个方面：在上者施之以"教"

和在下者授之以"化"。礼仪知识是实用型知识，纸上谈兵是远远不够的，只有与实践相结合才能彰显其价值。

一方面，大学生要主动投入积极健康的活动中去。大学生在校期间应珍惜学校给予的各种志愿服务、实习的机会，从中体会服务他人、服务社会的快乐，真正领悟到礼仪自觉的价值所在；或是通过参加校内外大型专业活动来实践自己学习到的礼仪知识，在与陌生人特别是专业人士交往中更能锻炼自己的胆量，提高自己的礼仪素养；还可以通过欣赏名家名作、音乐会、艺术作品展览等形式，丰富自己的大学生活，提升自己的审美素养，做一个脱离低级趣味的人，逐渐成为一名拥有高雅品位的大学生。

另一方面，大学生在实践礼仪行为时也要注意细节，现实中往往被大部分人忽略的细枝末节才是本质所在。大学生可以从日常生活中的小细节入手，主动注意规范行为，做到知礼仪、守纪律。礼仪素养的提升不能一蹴而就，更重要的是从日常的小事自觉做起。

第四节 大学生礼仪教育与思想政治教育的融合

一、大学生礼仪教育与思想政治教育融合的意义

身居礼仪之邦，应为礼仪之民。礼仪是对他人的一种尊重，毋庸置疑，拥有良好礼仪修养的人，才能在各种各样的场合做出符合礼仪规范的、令人满意的事情，向人们展现出良好的礼仪素养。这种得体的表现恰恰是通过礼仪教育实现的。

人的社会属性是人区别于动物的一个显著标志，人们的活动既受自然规律的影响和约束，又受社会规范的制约。礼仪规范是除道德规范和法律规范外，

相对重要的社会规范内容。礼仪是古今历史发展长河中长期积累并沿袭流传的文化，以精神力量和社会舆论约束人的行为，从人对礼仪的掌握程度和行为表现中可以看出人的修养与受教育水平。因此，礼仪是人类文明进步的重要标志。

第一，礼仪教育是德育教育的重要组成部分。

在我国古代，礼仪教育被教育家视为道德教育的根本。"礼"的基本规范被孔子视为德育的重要内容之一，以"仁"为核心，以"孝"为根本；"仁、义、礼、智"被孟子比作人的四个初始；董仲舒把"仁、义、礼、智、信"归结为做人应该拥有的五种最基本的品格和德行。大学生日常的言谈举止都反映着礼仪，它是人最基本的行为，在培养高尚的道德情操的同时规范自身行为。礼仪教育既使道德教育富有坚不可摧、多种多样的载体，又可以弥补道德教育的缺陷。

第二，大学生礼仪与思想政治融合有利于大学生实现社会化。

大学生在实现社会化的过程中，仅学习理论知识是远远不够的，礼仪文化也是必不可少的学习内容。因此，礼仪教育是大学生成长路上必须接受的教育。每个人都是社会的一分子，都要受到礼仪规范的约束。随着社会的飞速发展，时代对大学生也提出了更高的标准和要求。

大学生正处于从校园走入社会的重要阶段，他们迫切希望更好地走向社会，因此高校对大学生开展礼仪教育是及时而必要的，而且对提升大学生的社会竞争力有非常大的帮助，对帮助大学生适应社会和解决就业问题等有重要意义，有利于帮助大学生顺利实现社会化，这也就对大学生的文化知识和思想道德修养提出了更高的标准。

第三，大学生礼仪与思想政治的融合有利于构建和谐社会。

和谐社会是国家繁荣富强、人民安居乐业的重要保证，也是中国特色社会主义的本质属性。社会主义和谐社会构建的核心是形成讲文明、知礼仪的社会环境，也是社会对当代大学生提出的根本要求。在全社会推广和普及礼仪知识，是构建社会主义和谐社会的需要。礼仪教育也是社会主义精神文明的重要内容，根本目的是引导人们自觉遵守社会道德规范和礼仪规范。促进社会和谐发展，就要加强大学生礼仪修养教育，使人与人、人与社会达到高度和谐有序。为实现中华民族伟大复兴的伟大梦想，当代大学生应该做到四个方面，分别是实现个人自身的和谐，实现人与人之间的和谐，实现个人、社会与自然之间的和谐，实现整个国家与外部世界的和谐。因此，加强大学生礼仪与思想政治的融合，对构建社会主义和谐社会有重要的意义。

二、大学生礼仪教育与思想政治教育融合的必要性

加强和改进大学生思想政治教育的重要任务是以大学生全面发展为目标，深入进行礼仪素养教育，促进大学生思想道德素质、科学文化素质和健康素质协调发展。由此可见，全面提升礼仪教育是我国高校思想政治教育的重中之重，也是提高大学生个人素质的迫切需求，将礼仪教育纳入高校大学生思想政治教育中迫在眉睫。

（一）思想政治教育与时俱进的必然要求

思想政治教育对培养大学生正确的"三观"起到了弥足珍贵的作用。随着经济全球化及现代科学技术的不断进步，高校思想政治教育工作所面临的不仅是机遇，同时也包含挑战。社会在不断发展前进，学生的思想也随之悄然发生变化，针对高校思想政治教育过程中涌现的新情况，教师必须实现思想政治教育工作的创新，坚持与时俱进，使思想政治教育工作积极适应新环境，勇于创新思想政治教育的内容与方法，使理论与实践相结合，继承与创新并用，提高思想政治教育的效果，为培育高素质的社会主义建设者和接班人提供坚实的保障。

在高校思想政治教育中开展礼仪教育，有助于弘扬中华民族传统美德，传承优秀文化，培养大学生的民族认同感，同时体现了高校思想政治教育与时俱进的特点。大学生不仅需要继承中华民族传统美德，还需要践行当今时代的道

德规范。加强学习和训练礼仪规范，不仅能继续发扬优秀的中华民族传统文化，还能促使大学生在潜移默化中提升民族文化认同感。

（二）思想政治教育功能展现的必然要求

进行正确的教育引导，是高校思想政治教育的一项重要任务。通过礼仪教育进行切合实际的有针对性的引导，可以充分发挥高校思想政治教育的思想导向功能，为实现礼仪教育融入高校思想政治教育提供有力的帮助。礼仪教育通过对行为规范和行为准则的宣扬，营造出一种强大的舆论氛围，帮助大学生树立正确的人生观，从而达到规范自身行为的作用。

礼仪教育有力的舆论导向能够使大学生认识到社会弘扬的主流礼仪准则，认清与主流规范不符的行为，在潜移默化中对大学生的日常举动和行为进行指导和约束，使大学生形成正确的言行举止，从而更好地引导大学生做出符合自身形象和社会要求的行为选择。

社会主义先进文化离不开高校思想政治教育，它集中体现了社会主流的价值取向和文化，有利于帮助大学生树立符合社会发展与时代要求的世界观、人生观、价值观。在当今经济全球化的背景下，价值取向多元化已不可避免，引导广大大学生树立正确的"三观"，已经成为高校思想政治教育工作紧迫而重要的任务。礼仪教育作为高校思想政治教育的重要载体，应担负起完成这一艰巨任务的重要责任。高校的礼仪教育一旦形成规模，就会建立起一套价值体系和规范标准，这些价值体系和规范标准是高校礼仪教育发挥思想政治教育导向功能的基础。

（三）思想政治教育自我完善的必然要求

将礼仪教育融入高校大学生思想政治教育是高校思想政治教育自我完善的需要。自我完善是高校思想政治教育工作的重要方式。加强大学生的礼仪教育，提升大学生在现有基础上的自我调节能力，成为高校思想政治教育工作的重要起点和落脚点。礼仪教育的开展，不仅是学生积极参与德育活动的具体表现，还是高校思想政治教育自我完善的重要环节。

专家学者肯定了礼仪教育在高校思想政治教育中的重要作用和地位，认为将礼仪教育创造性地运用到高校思想政治教育工作中，将对实现高校思想政治教育的自我完善十分有利。礼仪教育融入高校思想政治教育，能高效率地促使大学生关心自身发展，站在客观的角度评价自己、分析自己，从而不断地提升和完善自己。礼仪教育融入高校思想政治教育对于调整和完善高校思想政治教育工作、确保思想政治教育工作的方向性和决议的准确性、增强思想政治教育工作的有效性、推动思想政治教育工作的深入开展将起到积极的作用。

（四）思想政治教育效果的必然要求

大学生作为礼仪教育的客体与对象，同时也是高校思想政治教育的主体与参与者，如果没有大学生对礼仪教育工作的积极参与，高校思想政治教育工作就无法踏实地、稳步地开展起来。同样，要想将礼仪意识内化为大学生的道德品质、行为规范和习惯特征，就需要大学生积极主动地参与到高校思想政治教育工作中来，自觉地实现自我管理、自我约束。只有这样，才能真正提高礼仪教育融入高校思想政治教育中的实效性。

大学生思想政治教育是高校思想政治教育工作的重中之重，可以说是一条"生命线"，在发展实践中有着举足轻重的地位，而大学生礼仪教育研究是大学生思想政治教育工作的着力点，大学生礼仪教育的一部分内容属于思想政治教育，在社会主义发展的新时期为了增强大学生思想政治教育的效果，必须做好大学生礼仪教育工作。

（五）适应大学生成长成才的客观要求

当今世界，各个国家面临的主要挑战是国家综合国力的竞争，而综合国力的竞争归根到底是人才的竞争。我国要想在激烈的国际竞争中立于不败之地，必须培养出具有高素质的人才。所谓高素质人才，不仅是指具有高科技能力的人才，而且是指具有良好思想品德素质的人才。因此，大学生必须接受良好的礼仪教育，拥有良好的礼仪修养。当代大学生是未来社会主义事业的继承人，他们的成长成才直接关系到我国社会主义现代化建设的根本，只有他们变得优秀，才能发展建设更好、更强的中国特色社会主义。大学生成长成才是其关注自身发展、实现自我价值的过程，也是高校进行思想政治教育的核心工作。高校应高度关注大学生的身心健康发展，加强对大学生文明礼仪的教育。要想培养出高素质的人才，就必须密切关注大学生的成长成才，帮助他们树立正确的学生观和成才观。

高校思想政治教育工作要努力促进大学生的全面发展和整体素质的提高。大学生正处在人生自我设计、自我规划的重要时期，只有科学、有序、正确地开展各种形式的礼仪教育活动，才能使大学生努力朝着"成人、成长、成才"的目标前进。要让大学生在礼仪教育中树立礼仪意识，使他们具备良好的礼仪修养，同时需要开展高校思想政治教育，对其礼仪意识进行不断地巩固、强化和发展。因此，把礼仪教育与思想政治教育融合，才能真正实现大学生"成人、成长、成才"的远大目标。

三、大学生礼仪教育与思想政治教育融合的可行性

（一）大学生礼仪与思想政治的共同性

1.教育对象方面

正确地认识教育对象能够更好地增强教育效果，同时也是增强教育效果的前提和保障。正确了解大学生礼仪教育与高校思想政治教育的对象，掌握大学生的客观现状，是大学生礼仪教育融入高校思想政治教育的基本前提。

当代大学生是礼仪教育的对象。思想政治教育的客体是人，在高校思想政治教育的开展中，大学生毫无疑问就是教育对象。因此，思想政治教育和大学生礼仪教育在教育的对象上具有同一性。高校思想政治教育把生理、心理等各个方面存在差异的大学生培养成具有良好思想行为的群体，而礼仪教育则是把

具有不同礼仪修养和素质的大学生培养成符合社会发展需要的人才。二者都是把不同类型或同一类型、不同认知层次的大学生作为教育对象，因材施教。

2.教育目标方面

思想政治教育是指教育者为了实现思想政治教育目标，将思想政治教育目标进行阶段性的、具体的分解，使大学生在思想和行为方面达到预期的效果。高校思想政治教育最根本的目标就是不断地提高大学生的思想道德素质，提高其对当今世界的认知能力，同时为改造世界做出铺垫，培养中国特色社会主义和共产主义的接班人和建造者。大学生礼仪教育的目的也是不断提高大学生自身的综合素质，在文化、思想、修养、实际行为等方面进行全面的提升，从而更好地为社会主义现代化建设事业服务。单从这一方面来看，高校思想政治教育的目标与大学生礼仪教育的目标是一致的，都是提高大学生的整体素质。

建设社会主义精神文明已经迫在眉睫，而礼仪教育更是其重要内容之一，在对大学生进行思想政治教育的进程中，尤其不能忽视开展大学生礼仪教育。

3.教育内容方面

高校思想政治教育包括对大学生进行正确的世界观、人生观、价值观教育，进行专业思想教育，重视人格修养教育，重视情感修养教育，加强意志与成才教育，进行实践与创新的思想教育的六个方面的教育内容。

大学生礼仪教育的内容主要包括礼仪基本理论的系统教育、礼仪意识教育、礼仪规范教育、礼仪修养的培养等。

高校思想政治教育与大学生礼仪教育的内容相互交叉、相互渗透。礼仪教育和高校思想政治教育都包含提高大学生的综合素质，帮助他们实现自我升华，成为符合社会主义现代化建设要求的合格人才的内容。高校思想政治教育中重视人格修养教育的内容，就是礼仪教育的内容。二者都提倡用优秀的礼仪文化来教育当代大学生，使其成为有理想、有道德、有文化、有纪律的当代社会需要的合格人才。因此，二者在教育内容方面具有一致性。

（二）大学生礼仪对思想政治的促进作用

高校学生思想政治教育应以理想信念教育为核心，进行树立正确的世界观、人生观和价值观的教育；以爱国主义教育为重点，进行弘扬和培育民族精神的教育；以基本道德规范为基础，进行公民道德教育；以大学生全面发展为目标，进行素质教育。

大学生礼仪教育促进了高校思想政治教育目标的实现。大学生礼仪教育把总体目标确定为培养大学生的基本礼仪规范、礼仪意识与能力，实现了把"基本道德规范"和"大学生全面发展"作为大学生思想政治教育目标的基本内涵。高校思想政治教育培养目标需要通过各种载体来实现，大学生礼仪教育正是一种与时俱进的新载体，把大学生的礼仪教育融入高校思想政治教育之中，将会对高校思想政治教育目标的实现起到举足轻重的作用。同时，大学生礼仪教育丰富了高校思想政治教育的内容。传统高校思想政治教育以世界观、政治观、道德观、人生观、法制观等教育内容为主体，这是毋庸置疑的。但教育要面向现代化、面向世界、面向未来，对于培养全面型综合人才来说，高校思想政治教育仅有这些内容是远远不够的，还必须充分夯实礼仪知识、大力拓展礼仪教育内容。

（三）思想政治对大学生礼仪的指导作用

一方面，大学生礼仪教育对高校思想政治教育起促进作用，使高校思想政治教育不断地改进深化；另一方面，高校思想政治教育是大学生礼仪教育的灯塔，为大学生礼仪教育指引方向，同时也在大学生礼仪教育中处于主导地位，并贯穿于全过程中，对大学生的礼仪教育具有重要的指导作用。

高校思想政治教育工作服务于大学生礼仪教育的形式是多样化的，最为重要的是高校思想政治教育为大学生礼仪教育指明了方向，高校的思想政治教育是礼仪教育的中心内容，这是由我国社会主义性质及高等学校的培养目标决定的。对大学生进行正确的"三观"教育及礼仪修养教育，是进行礼仪教育的基础，是有效落实大学生个人成才的前提。

高校思想政治教育，一方面能促进大学生培养文明礼仪素质，另一方面又能营造有利于大学生学习礼仪的外部环境。礼仪教育的整个过程是传授给大学生在社会交往中能够正确运用良好有序的活动的方法。一个缺乏礼仪修养的大学生，不可能成为社会主义的优秀接班人和建设者。

系统的礼仪教育，不仅可以丰富大学生的礼仪知识，使他们在学习的过程中掌握传统与现代、中外礼仪文化知识的差异，而且能使他们掌握符合社会发展与时代要求的礼仪规范，在日常学习和生活中能够遵循社交礼仪，约束自己的言行，规范自身举止，努力提升内涵修养，达到内在的道德品质和外在的礼仪形式的有机统一。高校思想政治教育能为大学生礼仪教育的顺利开展提供保障。

（四）大学生礼仪教育和思想政治教育的内在联系

1.个体与群体的联系

群体是一个相对有组织的团体，有一定的目的和诉求；个体拥有独立的人格。高校思想政治教育针对的是大学生，立足点在原则上，不仅含有政治方向的原则，又有思想方面的原则，还有关于做人的原则，这是一个复杂而又庞大的思想政治价值体系。

相对于大学生礼仪教育来说，高校思想政治教育具有群体的优势，通过思想原则和群体优势来实现和引导大学生礼仪教育。从另一个角度看，大学生文明礼仪客观鲜活地反映了个体价值，是高校思想政治教育的出发点，体现个体的特点。群体与个体互补，使高校思想政治教育和大学生礼仪教育实现统一，加快大学生的全面发展和社会进步的步伐。

虽然高校思想政治教育表现的是原则、目标和方向的高层次结构形式，但最终还是通过大学生个体表现出来，始终离不开具体的大学生个体。因此，从这个角度来看，大学生礼仪教育的展现不是抽象的，而是具体的，只有具体到每个大学生，才能充分地展示出高校思想政治教育的意义。

2.内因与外因的联系

礼仪教育和高校思想政治教育除了群体与个体之间的联系,还存在内因与外因的内在联系。礼仪教育和高校思想政治教育之间的内因与外因是相互依存、相互作用的。

实现人的全面发展是大学生礼仪教育的目标,大学阶段是大学生各方面得到发展的一个重要阶段,虽然不能立刻完成"实现人的全面发展"的目标,但在这个目标方向的引导下,大学生可以更加明确未来发展的方向,以实现人的全面发展为目标,明确人生的价值和意义。大学生所表现出来的需要,可以通过高校思想政治教育得到基本的满足,这也是高校思想政治教育存在的意义。高校思想政治理论课虽然不能代替礼仪教育的专业课程,但在人的礼仪教育实现方面有方向性和目标性的作用,能够使人朝着社会主义现代化事业所需要的方向发展,从而使高校思想政治教育与大学生的礼仪教育的关系得到固化。

3.自律与他律的统一

自律是自我约束,主要靠道德约束和个人修养;他律是接受他人的约束,主要依靠法律法规的强制性规定和各种形式的监督,二者相辅相成。各级党组织认真落实中央要求,坚持对干部严格要求、严格教育、严格管理、严格监督。"四严"体现了自律、他律的统一。

大学生礼仪教育包含提高礼仪修养及实现人的全面发展的目标,每个大学生都存在着差异,但学习礼仪文化的目的是一致的。大学生关心自己的发展,客观地分析和评价自己,从而不断地完善自己,提高自我教育的能力,这是大学生礼仪教育在自律方面的体现。

高校思想政治教育以品德人格、思想观念、价值导向等引领当代的大学生,以德为先,以人为本,引导和规范大学生做人,从外部来规范大学生的行为和思想。高校思想政治教育工作努力促进大学生的全面发展和整体素质的提高,这反映了高校思想政治教育的外部监督,是大学生礼仪教育在他律方面的体现。

大学生礼仪教育与高校思想政治教育之间是自律与他律的统一,二者相辅相成。

四、大学生礼仪教育与思想政治教育融合的路径分析

礼仪是人类文明和社会进步的重要标志，是人类智慧的结晶，是人们交往的行为准则。在人类的发展历史中，礼仪成为传统文化的重要内容，是随着人类历史的发展而演变的，并且一直在人们的社会交往过程中发挥着重要作用。无论是传统礼仪还是现代礼仪，都对人们的行为有着规范的作用，对民族文化的振兴、社会的和谐发展发挥着举足轻重的作用。

处于人生特殊阶段的大学生，他们极易被外界事物及外来文化冲击，影响世界观、人生观和价值观的形成，但是弘扬中华民族优良传统礼仪文化、实现中华民族伟大复兴却是他们肩负的、不可推卸的责任和使命。

因此，要切实加强礼仪教育在大学生思想政治教育中的应用，将礼仪教育融入高校思想政治教育，不断引导大学生将礼仪行为的精华部分在自己的品格中体现出来，这对大学生社会责任感的培养、高校育人目标的实现都具有关键作用。

（一）推动大学生礼仪与思想政治融合的教学过程

1.在思想政治理论课中强化礼仪的内容

在思想政治理论课中强化礼仪文化的内容，就是把礼仪教育融入思想政治理论课程，也就是通过思想政治教学实践将礼仪教育与高校思想政治教育结合在一起，更加强调大学生的素质教育。从根本上看，思想政治理论课是一门具有非常强的实践性、现实性和综合性的课程。高校应该为适应不同专业学生的需要，合理设置、安排不同类型的礼仪课程，或者单独开设一门礼仪修养课，对大学生系统地进行基本礼仪理论教育和具体的礼仪规范教育。

要想对大学生的基本礼仪理论和具体的礼仪规范进行系统化教学，高校就必须在课堂教学方面加强对礼仪教育的重视程度。课堂教学是系统学习的良好

途径，礼仪教育与高校思想政治理论课中有关思想道德修养的内容有机结合，既能提升大学生的思想品德内涵，又能传授给他们用外在行为方式体现内涵的方法。实际上，从小接受良好礼仪教育的人，无论是在内在还是在外在上，其表现都与没有接受过礼仪教育的人大有不同。

推动礼仪教育融入高校思想政治理论课，必须把礼仪教育引入课堂。在高校思想政治教育课中强化礼仪教育的目的：一是提高大学生人际交往的能力，为建立更好的人际关系提供帮助；二是依靠思想政治理论课这门课程，帮助大学生及早掌握不断发展的现代社会人际沟通的礼仪原则和要求，提高人际交往素质，以适应飞速发展的现代社会的人际交往需要，为成功走向社会做好准备。在礼仪教育过程中，总结礼仪教育过程中所积累的经验，吸取失败的教训，在此基础上教师可以与学生沟通，用更科学的方法和案例进行教学。

礼仪教育内容和思想政治教育内容的融合，是建设思想政治课程体系的需要，也是大学生学习礼仪文化的需要，既能提高思想政治理论课的实效性，又能实现礼仪教育的文化性、实践性。在对大学生进行礼仪教育时，应该让他们知道学习礼仪知识、接受礼仪教育的必要性，并且帮助他们具体分析和解决学习、生活当中，由于缺乏礼仪教育而出现的一系列影响人际关系的问题，使他们更加切身地体会接受礼仪教育，学礼、知礼、守礼的意义。

实现高校礼仪教育目标行之有效的办法是将礼仪教育融入思想政治理论课。高校作为礼仪教育的主要渠道，要高度重视内容和形式。高校思想政治教育的主要途径是思想政治理论课的教学，因此，高校思想政治理论课就成了开展礼仪教育的有效载体。要想让礼仪教育在高校思想政治理论课中占有一席之地，可以设置有针对性的教育课程，使礼仪教育具有规范性、科学性。

礼仪教育课程的有效设计理念如下：

第一，基础性，关键在于开展礼仪教育的基础礼仪知识。

第二，多样性，突出表现在相关礼仪课程的设置上，体现出多样化和可供选择性，满足各阶段不同大学生的不同需求。

第三，发展性，提倡教学改革，在课程设计中增加对大学生的实践和创新能力的培养，将单一教学模式转换为"双向互动、多元互动"的教学模式。这就需要大学生和教师进行互动交流，其中包括互相启发和情感交流。

在教学过程中，教师不能单纯凭借礼仪理论对学生进行说教，把知识强行灌输给学生，这会让学生感觉礼仪知识很空洞。因此，教师要在分析和了解不同大学生的心理需求和性格特点的基础上，改进自己的教学方法，在和大学生的沟通过程中填补自己的教学漏洞，进而提高礼仪教育的实效性。教师可以参考和借鉴儒家提倡的情感交流法，主动了解大学生掌握知识的情况、思想道德的情况、身心发展的情况，切实解决大学生的实际问题，真正做到因材施教、对症下药。教师还要转变教育理念，做到与时俱进，要为学生营造平等、和谐的学习环境，激发他们学习的主动性与积极性。这些转变要经历一定的时间，全面实现礼仪教育与高校思想政治教育的融合，深化教育领域综合改革，任重而道远。

2.在思想政治教育中引入优秀礼仪理念

在继承和发扬中国传统优秀礼仪文化的基础上，科学地借鉴国外思想政治教育的实践经验，有利于推动礼仪教育融入高校思想政治教育的进程。思想政治教育是学校重要的教育教学组成部分。政治、经济、文化传统差异的存在使各国的思想政治教育形成了自己的特色和优势，这就为大学生用国际视野来学习和借鉴其他国家的经验与做法提供了契机。

（1）美国礼仪教育与思想政治教育融合的实践模式

美国没有在高校教育中体现"思想政治教育"的要素，但美国上到政府、社会，下到学校都十分重视礼仪教育，并且探索出许多富有启发意义的实践模式。美国自20世纪80年代以来掀起了教育改革的浪潮，从学校教育、社团组织、政治活动、大众传媒、家庭熏陶、社会环境等各个方面都加强了道德教育。

学校更多的是把礼仪教育渗透到各个学科。学校课程的调整使政治类课程和人文类课程得到加强，目的就是把知识教育和道德教育相结合，要求学校礼仪教育的内容要针对不同年龄段的学生，反映学生不同的道德认知发展水平，体现出较强的层次性、衔接性和连续性。

（2）新加坡礼仪教育与思想政治教育融合的实践模式

新加坡对礼仪教育可以说是从上至下都给予了极高的重视，尤其是对传统伦理道德的提倡和发扬。在20世纪70年代末，新加坡展开了一次大规模的德育研讨，研讨的结果促使政府重新制定了学校德育规划，从报效祖国、对社会负责和自身品德三个方面促进青少年整体的道德教育。在现代化的发展中，新加坡政府把校园当作开展礼仪教育的平台，对每一所学校的每个班级都明确提出要设立专门的礼仪教育课程，而且还把礼仪教育提升为一科主课。此外，还开设了丰富多彩的礼仪教育实践活动。政府格外重视家庭教育，通过强化家庭教育，营造良好的社会氛围，来为学校礼仪教育创造良好的外部环境。

因此，深入挖掘这个以华人为主要群体、以传统儒家伦理为本的国家的高校礼仪教育，研究他们在现代化德育进程中所表现出来的独一无二的特点和经验，对我国探讨礼仪教育融入思想政治教育具有非常重要的参考意义。

（3）日本礼仪教育与思想政治教育融合的实践模式

日本能够在短时间内迅速发展经济文化，与政府对传统文化的继承和对外来文化的学习是密不可分的。从古至今，日本都十分注重引进、学习、吸收中国儒家文化的精髓和重要思想，对于欧美国家的民主主义思想也是兼收并蓄，形成了以东方文化为基础、东西方合璧的十分具有创造性的教育格局。

日本对于礼仪教育采取了国家全面干预的方法和措施，呈现出极强的组织化色彩。日本的礼仪教育机构由政府指挥、文部科学省操作执行，因而在学校内部有一套非常严格的体制管理和组织机构，其主要目标如下：

第一，引导学生理解和掌握日常的行为礼仪规范。

第二，培育学生良好的道德意识和辨别是非的能力，也就是帮助学生树立正确的世界观、人生观和价值观。

第三，帮助学生拓展个性，锻炼为人处世的能力和保持积极向上的人生态度。

第四，引导学生树立起作为民主国家和成为一名合格的社会成员所必需的道德感和使命感。这些与我国提倡的树立社会主义核心价值观有异曲同工之妙。

（二）推动大学生礼仪融入社会实践

1.在社会实践中检验礼仪教育

实践是理论的基础，理论反过来又为实践服务，二者之间是依赖的关系，判断一种认识或理论是不是真理，并非依主观判断决定，而要依客观的社会实践而定。实践是检验真理的唯一标准，社会实践是判断科学与非科学、真理与谬论的巨大试金石。教育的发展本身就是一个循序渐进的进程，礼仪教育也是一样，仅仅停留在"知"的这个层次是万万不可的，要切实将"行"落实到位。

实践对礼仪具有约束力，在某些特定的情境中，实践礼仪规范才能发挥其有效作用。因此，为了检查大学生礼仪教育的效果，教师可以根据测验的需要，创设一定的情境来进行模拟，有目的地引导大学生进行模拟礼仪训练。例如，将大学生分成几个不同的小组来进行测试，大学生可以结合自身实际的情况，灵活地选择通过表演小品、歌舞、舞台情景剧等形式展现礼仪风采，然后让大学生基于彼此平时所表现出来的礼仪行为，结合礼仪汇报演出，综合起来互相打分。平时礼仪表现主要是课堂礼仪、公共礼仪、人际交往礼仪等。这样，不仅可以使大学生在具体的实践中获得经验，还可以通过对礼仪实践技能的考核来检验礼仪教育取得的成效。

礼仪实践也要设定严密的评分细则，这种多方位的测验方式，在一定程度上保证了大学生礼仪成绩的全面性、可靠性。其不仅可以调动起大学生参与的热情，还能真实地反映礼仪教学的效果，为今后开展礼仪实践活动提供借鉴和启示意义。

礼仪实践能够提高大学生践行正确的礼仪规范的能力，提升大学生辨别优劣礼仪行为的水平，理性的认知是人们正确行为的先导。大学生可以通过礼仪实践，培养真挚的友谊，从而使情感认同度得到提升，搭建由"知"到"行"的坚固通道。正确的礼仪实践能有效地控制人们的言语表达，也能将践行礼仪规范转化为自觉的行动，将礼仪规范转为礼仪习惯，用实践来检验自己的行为，是礼仪教育落到实处的综合表现。

要想让学生接受思想政治教育内容,实现教育目标,就要通过学生在"德、智、体、美、劳"等方面的社会实践,促进思想政治教育目标的实现,实现高校大学生的全面发展。通过课堂教学,大学生可以系统地掌握科学文化知识,但是仅仅依靠课堂学习还远远不够,大学生必须走出教室,在实践中锻炼自己。要想让大学生真正接受礼仪教育,必须让他们到生活实践中去学习礼仪,践行礼仪的要求。

在社会实践中检验礼仪教育,对当前礼仪教育融入高校思想政治教育有很现实的借鉴意义。礼仪教育要贴近社会生活,只有让大学生深入生活实践,在生活中教育,在教育中生活,才能不断提高他们对生活的认识、理解和感悟的能力。"教""学""做"要归结到一件事上,就是既在实际操作的过程中去教学,也在实际操作的同时去学习。只有通过社会实践才能达到教育的目的,学习才真有实效。因此,要在社会实践中检验大学生礼仪教育融入高校思想政治教育的效果。

2.提高大学生的实践参与度

教学过程中,教师发挥主导作用,大学生发挥主体作用,教师和大学生的关系是双边的互动关系。要想实现大学生的主动参与,那就需要大学生具备一定的自身发展条件。其中,人的自我意识发展水平、理性思考的能力等条件会对大学生的主体参与意识的发展水平产生一定的制约。要想让大学生更多地参与到教学的过程中去,可以让大学生自己备课,然后进行课堂汇报展示,通过参与收集资料、分析教材和教学活动的全过程,使其主体地位的感受增强,主人翁意识越强,参与度越高,反过来就越能有效地使大学生实践的积极性和热情提高。

教师是否充分发挥了主导作用,一个重要的标准就是看其是否充分调动了大学生参与课堂、参与实践的积极性,如果教师能为巩固大学生的主体地位创造有利的条件,那么可以说教师的主导作用得到了充分的发挥。教学活动设计得太复杂或者太简单都不行,要根据大学生的实际水平来确定,适当的趣味性和活动的实践性是非常有必要的,这是促使大学生参与到礼仪教育中来的一个重要的教学手段。要想鼓励和提倡大学生自主探究、合作学习,就要通过交流不断发现问题,并改进学习的方法,互相沟通学习的技巧,这对礼仪的创新发展也是很有好处的,而且能使大学生真正成为礼仪规范的践行者。提高大学生的实践参与度遵循了以人为本的教学理念,能够保证教学效果。教师应面向全体大学生,关注每个大学生的情感,提倡交流、体验、实践、合作方面的学习要领和义务型的教学形式,实现提高大学生礼仪素养的终极目标。

对大学生来说,良好礼仪的养成,需要从多个方面练习。学习礼仪知识、提高礼仪素养最主要的是在实践中进行历练。从高校的课程教学方式看,教师无论在思想政治理论课的授课方式上,还是礼仪教育课的授课方式上,与大学生进行的"双向互动、多元互动"远远不够,这就使大学生对两门本来对自身的成长具有重要作用的学科不感兴趣,使教学达不到理想的效果。为此,高校有必要开展一些大学生喜闻乐见的活动,如发动大学生每月制作礼仪宣传栏或张贴海报,定期向大学生介绍一些礼仪常识,并组织礼仪知识竞赛等课外活动;高校还可以通过组织丰富多彩的社团活动和讲座,帮助大学生更好地了解和学习传统礼仪的精华和西方现代礼仪,提高他们学习的热情和兴趣。大学生也要主动参与各种实践活动,将培养自身自律意识作为重点。

总之,学习礼仪,贵在实践。长期践行,才可以使礼仪内化于身,真正做到内心聪慧,明辨是非善恶,那么所表现出来的言行也一定是合乎社会道德规范的。

3.倡导在实践中进行自我教育

自我教育就是自己教育自己的过程,自我教育是教育的制高点,教育同自我教育是统一的过程。自我修养在中国古代就被教育家重视。高校应该按照大学生的身心发展阶段对大学生进行适当的指导,并且要充分发挥他们提高礼仪修养的自觉性和积极性,使他们把教师对他们的要求,转化为自己努力的目标。坚持教育与自我教育相结合的原则,既要帮助大学生树立明确的是非观念,区分真假,辨别善恶,同时也要鼓励他们追求真、善、美,反对假、恶、丑。要培养他们自我了解、自我约束和自我评价的意识。自我教育不是把自己封闭起来，而是强调要结合实践和大学生的集体活动来进行。

在大学生身心发展的过程中自我教育发挥着重要的作用。在礼仪教育的过程中，教师在课堂中发挥主导作用，课外就要靠大学生发挥主体性、自觉性和创造性，这是大学生在学习方面的自我教育。在礼仪实践的过程中，社团或者学生会作为组织者，策划一些有趣味性的礼仪活动或者请专家进校园开礼仪讲座，为大学生提供了良好的平台。积极参加社团组织的丰富的活动课程，在实践中自觉遵守社会礼仪规范，做出符合要求的礼仪行为，这就是大学生在礼仪实践中进行的自我教育。

在礼仪教育与思想政治教育融合的过程中，大学生自我认识、自我发展、自我完善，就是通过自我教育实现的。学校应为大学生创造更多的礼仪实践的机会，组织开展丰富多彩的校园礼仪活动，建立固定的实践基地，让大学生参与礼仪活动。因为大学生不能只依靠几节思想政治理论课或者礼仪教育课习得所有的礼仪知识，更多是通过社会实践，获得个人体验，为自我教育提供空间。大学生在今后的成长过程中用自我教育来规范自己的行为，使自己的行为符合礼仪的要求。

把社团活动作为思想政治教育工作的载体，可以更好地服务于高校思想政治教育。在思想政治教育过程中，要积极培养大学生的主体意识，只有激发主体内在的动力，才能产生礼仪意识，自觉去提高自我的素质和能力，主动开拓和创新。引导大学生在礼仪实践中加强自我教育，学会自我调节，这有利于提高大学生适应社会的能力。

（三）发挥网络载体的阵地性作用

教学活动分为传统的课堂教学和课外的实践教学，随着互联网的普及和发展，教学的形式也得到了丰富，以网络进行远程教学的方式，或者线上、线下互动式教学方式的出现，给高校的教学带来了新的机遇和挑战。

网络具有快速性、开放性、交互性等特点，这为高校思想政治教育提供了帮助，因为大学生对新事物的接受能力强、兴趣浓，所以通过网络新媒体这个渠道，更容易实现大学生礼仪教育与思想政治教育的融合。

校园网是基于学校单位建立的校园官方网络平台，因此思想政治教育工作者或者礼仪教师完全可以建立专门的版块，并以此作为大学生礼仪教育的宣传阵地。教师可以定期在网页公布一些积极参加社会礼仪实践并且表现优异的大学生名单，充分发挥榜样的示范作用，同时对其他大学生也起到了潜移默化的熏陶作用，激励他们也去积极践行礼仪。教师还可以建立论坛，解读国家出台的一些关于礼仪教育、高校思想政治教育的政策要求，在论坛上发表自己的观点，与大学生进行思想观点的碰撞，为学校更好地将这两门学科结合在一起建言献策。思想政治教育工作者可以在校园网上进行直播教学，让大学生足不出户就能接受礼仪教育，还可以与线上的大学生进行互动，为大学生答疑解惑，这样有利于大学生全身心地投入网络礼仪课堂中去。高校还可以不定期举行一些礼仪知识竞赛或者辩论赛等趣味活动，鼓励学生积极参与。

网络已经成为礼仪教育融入高校思想政治教育过程中不可忽略的新载体。利用网络把教学内容用声音、图像、画面表现出来，可以把静态文字变成动态的视频，使知识性和趣味性融合在一起，实现从传统教育模式向新媒体教育模式的转型。在新媒体的教学中，大学生可以接触到从古至今，乃至世界各地的礼仪文化，网络已经成为将礼仪教育融入高校思想政治教育的阵地。

任何事物都具有双面性，网络作为新的教学载体也不例外。因此，营造良好的网络氛围，维护网络秩序是必不可少的。网络作为一种新的教学载体，需要管理员或教师建立起一套相对健全的网络监督体系，规范大学生的行为，大学生通过网络这个平台可以学习到更多的礼仪知识和思想政治理论知识。

大学生一定要自觉履行网络文明的义务，自觉提高网络道德修养。在学习的过程中，大学生要规范自己的语言和文字，因为语言反映的是一个人的思想行为和内心反应。教师要发挥好榜样和示范作用，注意信息在传输过程中的导向性和影响力，排除消极、负面的信息，在校园网页发表正能量的帖子，营造一种积极、阳光的网络氛围，从而加强对大学生礼仪修养的正向引导。网络教学中的关键是示范和引导，并强化网络监督制约机制。

新媒体时代背景下，大学生礼仪教育需要将新媒体建设纳入校园文化建设中，拓展校园文化内涵，发挥校园文化功能。促进新媒体与高校思想政治教育的相互协调，加强大学生思想政治教育的网络化、信息化、数字化和多方位拓展，形成校园文化建设和大学生思想政治教育之间的良性循环，更好地将礼仪教育融入高校思想政治教育中去。高校思想政治教育工作者应当重视并利用好新媒体这个途径，通过潜移默化的方式，改变大学生的观念、思想和行为，从而使网络载体发挥作用的方式更加透明化，在渗透中将礼仪教育与思想政治教育相融合。

（四）构建大学生礼仪教育与思想政治教育融合的保障机制

大学生礼仪教育不能充分地融入高校思想政治教育，其原因在于缺少必要的保障机制。因此，必须构建有效的保障机制，以提供强有力的保障。要想让大学生礼仪教育融入高校思想政治教育，不仅要从推动大学生礼仪教育融入高校思想政治理论课教学过程、推动大学生礼仪教育融入社会实践过程、发挥网络载体的作用等方面入手，而且还应该在加强高校思想政治队伍建设、在思想政治教育中提高思想政治教育工作者的话语权方面下功夫，建立一支优秀的师资队伍。

1.加强思想政治队伍建设

思想政治教育工作者作为教学实践的主体，其主导性特征主要表现在以下两个方面：

第一，思想政治教育工作者是思想政治理论课的设计人和策划者。

在组织教学活动前，思想政治教育工作者要对教学目标和教学对象有所了解，这样能更加有针对性地确定教育内容。

第二，思想政治教育工作者是思想政治教育活动的组织者。

思想政治教育工作者要考虑不同的教育因素和教育内容，从而更好地引导大学生积极有效地投身到教学活动中去，来确保思想政治教育活动的实效性。

同时，他们还是思想政治教育活动的引导人，不仅要把社会主流的思想观点和道德规范传递给大学生，同时还要及时反馈信息，处理教育过程中出现的问题，来保障整个思想政治教育的过程朝着教育目标的方向稳步前进。思想政治教育工作者是大学生礼仪教育融入高校思想政治教育的重要推手，加强高校思想政治队伍建设，有利于实现大学生礼仪教育融入高校思想政治教育的有效性。

教师良好的礼仪行为和职业形象能为大学生树立一个良好的示范性榜样，从某种意义上说，这也是一种教育力量。教师的师德师风和个人形象或多或少会对教学效果产生一定的影响，这就需要教师不仅要丰富专业知识、提高道德素养、培养高雅的审美，而且要用端庄的身姿体态、职业的着装和规范的言行来提高教学效果，增强教学的实效性。

由于礼仪教育课程处于思想政治理论课程的从属地位，礼仪教育的专职教师队伍建设往往会落后于其他专业的教师队伍，如果由缺少礼仪专业培训的思想政治理论课教师担任礼仪教育的教学任务，那么教学质量就会难以得到保障。因此，专业教师队伍的人才短缺必将影响教育质量。

高校要健全教师培训机制。教师作为思想政治理论课的设计人、思想政治教育活动的组织者和引导人，在教育事业的兴衰成败方面起着至关重要的作用。创新教师培训机制，提升教师队伍的整体素质，是大学生礼仪教育融入高校思想政治教育的关键和核心。大学生礼仪教育课程是与时俱进的课程，必须对教师队伍进行定期培训，寻找专门的培训机构对教师进行针对性的指导，才能使礼仪教育课程在继承优良传统礼仪教育的基础上，不断适应社会的发展要求。高校还要规范培训制度，要建立严格的制度来监管礼仪教育教师的教学质量。

2.提高思想政治教育工作者话语权

要想更好地将大学生礼仪教育融入高校思想政治教育，就要提高高校思想政治教育工作者的话语权，不断拓宽思想政治教育工作者话语传播的渠道，多聆听他们不同的思想观点，正确的要弘扬，错误的要反对。同时，高校思想政治教育工作者要主动进行话语创新，理性运用话语权，避免话语权的滥用。在大学生礼仪教育融入高校思想政治教育的过程中，提高思想政治教育工作者的话语权，具体可以从下面三个方面入手：

（1）加强理论研究

随着社会的不断发展，大学生礼仪教育融入高校思想政治教育的工作也将面临新的课题。因此，对高校思想政治教育工作者来说，要不断提升自身素质，加强对思想政治话语体系理论的研究，从理论与实际两个方面深化对话语权的运用。思想政治教育工作者要对思想政治教育的言论和素材进行归纳整合，形成专业化、科学化和实用化的思想政治教育话语体系。加强话语权对大学生影响力的理论研究，以更好地与大学生建立平等的对话关系。

（2）加强思想政治教育话语整合

思想政治教育话语可以从以下两个方面进行整合：

第一，加强新媒体环境下网络话语与思想政治教育话语的整合。与更严谨、更规范、更富逻辑性思想政治教育话语相比，网络话语有新颖性、诙谐性的特点，极富有个性和时代特征，大学生群体比较容易认可和接受。高校可以根据具体情况，灵活整合新媒体环境下网络话语与思想政治教育话语。

第二，加强研究话语与实践话语的整合。研究话语注重理论化，实践话语注重可行性。高校思想政治教育工作者应当将两者有机整合起来，使它们共同推进大学生礼仪教育融入高校思想政治教育的进程。

（3）增强话语创新能力

高校思想政治教育话语系统要符合时代的要求，高校思想政治教育工作者要积极探索话语创新规律，主动进行话语创新，尤其是话语内容方面的创新，构筑全新的思想政治教育话语体系。为了适应思想政治教育话语的创新需要，要加快高校思想政治教育队伍建设，高校思想政治教育工作者既要具有良好的思想政治理论素养，又要熟悉大学生成长规律和思想政治教育的基本规律。增强话语创新能力还要不断拓宽思想政治教育话语传播的渠道，只有这样，才能更好地发挥在大学生礼仪教育融入高校思想政治教育中的主导作用，建立起自己的有效话语。

礼仪，是中华传统美德宝库中的一颗璀璨明珠，是中国古代文化的精髓。身居礼仪之邦，应为礼仪之民。"以德服人，以礼待人"应当成为当代大学生追求的目标，也应该是基本素养。我国始终都非常重视大学生的思想道德建设，而礼仪教育又是高校思想政治教育的重中之重。

礼仪教育不应该局限于一般的礼貌教育，而应当是一种道德修养、健全人格的教育，对大学生形成健全的人格起着决定性的作用。放眼中华民族传承下来的礼仪，都富有优秀文化元素，体现了中国传统文化，并且使之具象化。加强礼仪教育不仅是对中华优秀传统文化的继承与发扬，也是时代发展的需要。加强礼仪教育可以落实民族精神教育，增强民族凝聚力，同时也是和谐社会的文明礼仪与道德文化建设所需要的，另外对提高德育的实效性、构建和谐社会也有推动作用。

在当今社会，有效开展大学生礼仪教育，既是对民族传统的继承，又是对国外经验的借鉴，是历史必然性、现实必要性和理论合理性的共同要求。深入开展大学生礼仪教育，是加强思想道德建设、构建社会主义和谐社会的必然选择。

参 考 文 献

[1]薛建航,陈振兴.大学生社会实践教育[M].西安:西安电子科技大学出版社,2023.

[2]李巧玲,李巧义,陈瑾.现代礼仪实训教程[M].武汉:华中科学技术大学出版社,2023.

[3]何兴,敬帅.大学生自我管理教育与实践岗位体验[M].成都:四川大学出版社,2023.

[4]李丹.现代礼仪[M].重庆:重庆大学出版社,2022.

[5]胡静.剪纸与大学生素养[M].重庆:重庆大学出版社,2022.

[6]田军,郑舒.商务礼仪与职业形象[M].上海:上海交通大学出版社,2022.

[7]周聃,蒋光辉.大学生礼仪实用教程[M].北京:电子工业出版社,2022.

[8]亢小萌.大学生职业素质发展研究[M].长春:吉林出版集团股份有限公司,2022.

[9]王荣珍,张雪,周杰.大学生常用应用文写作教程[M].成都:西南交通大学出版社,2021.

[10]刘永亮.大学生礼仪美[M].西安:西北大学出版社,2021.

[11]陈晓希.大学生礼仪与实训[M].哈尔滨:哈尔滨工程大学出版社,2021.

[12]卡耐基.戴尔·卡耐基全集[M].刘宏武,高敬译.北京:九州出版社,2010.

[13]王菁,宋艳秋.职场实用礼仪[M].北京:中国市场出版社,2021.

[14]张云生.大学生职业素养指导[M].北京:北京交通大学出版社,2021.

[15]戴雯,张鹏利.大学生礼仪指导与实践[M].北京:首都经济贸易大学出版社,2020.

[16]宋艳春，杨雨琪，廖贵强.中华传统文化与大学生礼仪修养[M].厦门：厦门大学出版社，2020.

[17]马小洪，张林园.大学生素质训练[M].北京：北京理工大学出版社，2020.

[18]游战澜.体育礼仪理论与实践[M].天津：天津科学技术出版社，2020.

[19]金秋萍，金成.大学生美育与礼仪[M].南京：南京大学出版社，2020.

[20]吴云飞.大学生团队礼仪训练教程[M].南京：南京大学出版社，2020.

[21]郑弋炜.礼仪与大学生素养提升艺术[M].长春：吉林美术出版社，2020.

[22]张岩松.大学生形象设计[M].北京：清华大学出版社，2020.

[23]邵文祥.新时代大学生文明礼仪规范教程[M].西安：西安电子科技大学出版社，2020.

[24]戴晓丹，郭雪.现代礼仪实训指导[M].北京：清华大学出版社，2020.

[25]鞠荣丽.大学生社交礼仪实用教程[M].北京：中国华侨出版社，2021.